Cómo trabajar con ángeles en los ámbitos del Cielo

Abriendo la puerta al ámbito angelical

Por

Dr. Ron M. Horner

Cómo trabajar con ángeles en los ámbitos del Cielo

Abriendo la puerta al ámbito angelical

Por

Dr. Ron M. Horner

LifeSpring International Ministries
PO Box 5847
Pinehurst, North Carolina 28374
www.RonHorner.com

Cómo trabajar con ángeles en los ámbitos del Cielo

Abriendo la puerta al ámbito angelical

Derechos de autor © 2024 Dr. Ron M. Horner

Las citas bíblicas están tomadas de la Santa Biblia Versión Reina-Valera 1960 © Sociedades Bíblicas Unidas. (Excepto que se indique lo contrario). Usada con permiso. Todos los derechos reservados.

Las citas bíblicas marcadas con (MIRROR) están tomadas de la Biblia THE MIRROR. Copyright © 2012. Usada con el consentimiento del autor.

Todos los derechos de autor o marcas comerciales mencionadas son propiedad de sus respectivos dueños.

Todos los derechos reservados. Este libro está protegido por las leyes de derechos de autor de los Estados Unidos de América. Este libro no puede copiarse ni reimprimirse con fines comerciales o lucrativos. Se permite y fomenta el uso de citas breves o la copia ocasional de páginas para el estudio personal o en grupo. El permiso se otorgará bajo solicitud.

Para solicitudes de descuentos en ventas al por mayor, permisos editoriales u otra información deben dirigirse a:

LifeSpring Publishing
PO Box 5847
Pinehurst, NC 28374 EE. UU.
www.lifespringpublishing.com

Copias adicionales disponibles en www.ronhorner.com

ISBN 13 TP: 978-1-953684-48-6
Libro electrónico de ISBN: 978-1-953684-49-3

Diseño de portada por Darian Horner Diseño (www.darianhorner.com)
Imágenes: stock.adobe.com # 86383061, #241753603, #31707414

Primera edición: Marzo de 2024

10 9 8 7 6 5 4 3 2 1

Impreso en los Estados Unidos de América.

Tabla de Contenidos

Agradecimientos i

Prólogo iii

Prefacio vii

Capítulo 1 El Cielo ha estado esperando 1

Capítulo 2 Ángeles de la guarda vs Ángeles Personales . 7

Capítulo 3 Cómo entender a los Ángeles 21

Capítulo 4 Los Guardianes y sus dominios 25

Capítulo 5 Cómo trabajar con su ángel – Parte 1 43

Capítulo 6 Cómo trabajar con su ángel – Parte 2 53

Capítulo 7 Ángeles en cautiverio 77

Capítulo 8 Ángeles y Relaciones 91

Capítulo 9 Ángeles Mensajeros 97

Capítulo 10 Cómo cooperar con
 el Ángel de la Moneda 113

Capítulo 11 Corte de Decretos
 y Corte de Ángeles 117

Capítulo 12 Cómo saquear el Campamento
 de los Enemigos 127

Capítulo 13 Cómo trabajar
 con los Ángeles del Registro de Bonos 135

Capítulo 14 Vías de comunicación 143

Capítulo 15 Dispositivos Temporizados 151

Capítulo 16 Percepciones Angelicales 159

Capítulo 17 Corte de Cuentas 163

Capítulo 18 Perspectivas 179

Capítulo 19 Conclusión 195

Apéndice A 197

Cómo acceder a los Dominios del Cielo 197

Aprender a vivir en el espíritu primero 205

Cuatro llaves para escuchar la voz de Dios 213

Apéndice B 215

Índice de Tipos de Ángeles 215

Índice de Cortes 217

Descripción 219

Acerca del Autor 221

Otros libros escritos por el Dr. Ron M. Horner 223

Agradecimientos

Reconocer todo lo que fue una ayuda esencial en la creación de este libro incluiría a aquellos que viven en la tierra y a aquellos que ya han accedido al Cielo de forma permanente. Incluiría a hombres y mujeres de blanco, así como a muchos ángeles y muchas otras fuentes.

Mi equipo ha estado dispuesto a ser pionero en nuestras frecuentes participaciones con el Cielo y estoy agradecido por su ayuda. Mi esposa Adina y mis hijas Darian y Bethany también han desempeñado un papel activo. A nuestros estudiantes de CourtsNet y a la familia de nuestro Grupo de Mentores de las Cortes del Cielo, gracias. Y a aquellos a los que quizás no haya mencionado, gracias. Que la bendición del Señor sea abundante sobre ustedes.

Prólogo

Este libro es un crisol que pondrá a prueba la madurez de la Novia y ahora es el momento para que la Novia entienda su capacidad de involucrarse con el Cielo, para interactuar con los ángeles de Dios, y para operar fuera de su derecho de acceso al Cielo en este momento. Este libro es una puerta a la comprensión. Es la invitación a comprender los dominios angelicales y la actividad de los ángeles invisibles.

La Novia está justo en la cúspide de recibir un entendimiento completamente nuevo que está naciendo. Se está desatando una revelación sobre la capacidad de la Novia para involucrarse con los ángeles y colaborar con ellos en sus tareas angelicales. Este reino invisible estallará en el reino visible con mayor frecuencia; y aquellos que tengan un ápice de fe serán conmovidos por estas visitaciones.

¿Recuerda que Abraham se reunió con los visitantes enviados por el Padre? Prepárese en los días futuros para la visita de seres angelicales que, según la asignación del Padre, se revelarán. Esto sucede con más frecuencia de lo que creemos. Se trata de deleitar a la próxima generación. Ellos son la generación elegida para comenzar a explorar el poder de las huestes de Dios y descubrir la seguridad que Dios brinda a sus creyentes a través de los ángeles.

Este libro contiene una revelación para aquellos que creen en su corazón y están leyendo con la expectativa que sus patrones de pensamiento y su esencia —la sangre vital interior— cambiarán como resultado. Llegará un cambio que está conectado con la morada del Espíritu Santo. Mientras lee, déjese llevar hacia adelante en un impulso para comprender la belleza de las huestes del Cielo y la gloria para la que fueron creadas. Reciba su ayuda y su trabajo. Alabe al Señor por ellos y agradézcales por su actividad.

Recuerde, está bien conocer en parte porque eso es lo que siente el alma. El alma clama por el conocimiento completo de todas las cosas, pero algunas de estas cosas están ocultas en Dios, y a través del Espíritu que habita en su espíritu, usted comienza a tener un mayor destello de comprensión y más claridad. Ver en parte está bien. Dese permiso para ver en parte. Vaya con lo que vea. Vaya con lo que sabe.

Al leer este libro, recuerde el Espíritu del Señor, el Espíritu de Su gloria, el Espíritu que es su instructor, que es su maestro, el Espíritu que es el más hermoso de todos. La guía, enseñanza, instrucción y ayuda que Él puede brindarle mientras lee este libro es más que asombrosa. Permítame animarle a expresar que está de acuerdo con Él verbalmente cuando se disponga a leer este libro. Pida que el Espíritu de consejo venga y que lea este libro junto a usted.

Este libro también contiene una sección para escribir sobre sus experiencias con respecto a lo angelical en publicaciones de blogs, artículos, revistas y libros. Comparta lo que experimenta a medida que lee y ponga en práctica la información que aprenda en este libro.

La raza humana está siendo incitada a reconocer el potencial de lidiar con el reino invisible. Se ha liberado una llave desde el Cielo para abrir su corazón y el corazón de aquellos que aún no conocen al Salvador, para despertar el deseo de comprometerse con el reino invisible. ¿Usted recibe esta llave?

También se ha publicado una pancarta sobre este libro que declara "Gloria a Aquel en quien son todas las cosas". Se ha pedido al Cielo que una ola oceánica de la Gloria de Dios sea liberada para inundar la tierra con aquello por lo que la raza humana está sedienta y hambrienta. Ron ha pedido que el poder de la ola de Jehová venga y llene todo lo que falte en este libro a través del Espíritu Santo.

No lea este libro solo. Ron ha pedido la presencia del Candelabro del Padre, el Espíritu del Consejo que esté presente en el corazón de cada lector, en la mente de cada lector, en usted a medida que lee estas cosas. Reciba el regalo del Candelabro del Padre. Que la gloria de Dios se revele al leer esto.

Lydia

Prefacio

La información errónea acerca de los ángeles es inmensa, no solo en el Cuerpo de Cristo, sino en toda la tierra. Se nos ha enseñado que los ángeles son criaturas frágiles, delicadas, parecidas a Cupido que tienen poco poder y que estamos subordinados a ellos. Ese no es el caso.

Los ángeles ilustrados en la Biblia son grandiosos y poderosos, con gran fuerza para derrotar a nuestros enemigos. Aparecen a lo largo de las Escrituras para someter a reyes y dominios, para llevar mensajes de esperanza y para salvar vidas. Hebreos se refiere a ellos como ministros de aquellos que son herederos de la salvación.[1] El salmista registró que eran llamas de fuego.[2] Los ángeles de las Escrituras no son figuras parecidas a Cupido.

---

[1] He 1:14: "¿No son todos espíritus ministradores, enviados para servicio a favor de los que serán herederos de la salvación?"

[2] Sal 104:4: "El que hace a los vientos sus mensajeros, Y a las flamas de fuego sus ministros."

También se nos ha enseñado erróneamente que cuando alguien muere es porque Dios necesitaba otro ángel, lo que implica que nosotros, especialmente los bebés y los niños pequeños, nos convertimos en ángeles al salir de este mundo. ¡Esta enseñanza es inexacta! Somos una clase diferente de seres y los ángeles están subordinados a nuestra posición en la jerarquía del Cielo.

Se nos ha enseñado a tener miedo de los ángeles porque están listos para matarnos si pecamos. La Biblia tiene una historia o dos en las que los ángeles causaron graves daños a los seres humanos rebeldes, pero esas fueron raras excepciones. Los ángeles están aquí para ayudarnos a expandir el Reino de Dios. Si usted se da cuenta que le ha tenido miedo a los ángeles, arrepiéntase de abrazar el miedo y pídale al Espíritu Santo que lo quite por completo de su ser con la Espada del Espíritu.

La raza humana, en la providencia de Dios, fue seleccionada entre todos los demás seres creados para ser los destinatarios de la gracia de Dios, para traer redención a la humanidad a través de la sangre de Jesucristo derramada en la cruz para nuestra salvación. Los humanos fueron elegidos para esa oportunidad; ninguna otra clase de seres fue seleccionada para un honor tan alto. Los ángeles no recibieron ese honor. Los ángeles son una clase de seres que Dios diseñó para el servicio: sirven a Dios y nos sirven a nosotros. Se nos da la oportunidad de colaborar con los ángeles para lograr los propósitos del Reino.

Desafortunadamente para nosotros, hemos entendido muy poco su papel, sus razas, su clasificación y sus propósitos; y nos ha costado caro. En las páginas de este libro, vamos a desvelar los conocimientos que el Cielo nos ha concedido con respecto a estos siervos celestiales y cómo podemos relacionarnos con ellos para la expansión del Reino de Dios. Leerá acerca de nuestro trabajo con ángeles, hombres y mujeres vestidos de lino blanco y con el Espíritu Santo, así como con otros seres en el Cielo. Si ha leído algunos de mis otros libros, el formato le resultará familiar.

En ninguna parte adoramos a los ángeles. Tampoco ignoramos el valor de lo que saben, hacen y poseen. A muchos de nosotros se nos ha enseñado a temerles. Abordaremos ese tema y cómo liberarse del miedo para que pueda cooperar más plenamente con estos mensajeros del Cielo. Este libro tampoco será un tratado sobre los muchos versículos de la Biblia sobre ángeles (casi 300). Basta con decir que los primeros traductores a menudo malinterpretaron muchos pasajes relacionados con los ángeles y su trabajo y hemos sufrido por ello.

Permítame animar con respecto a su asociación con los ángeles y otras voces en el dominio de la tierra, a quienes actualmente están escribiendo sobre los ángeles: Barbie Breathitt, Kevin Zadai, Tim Sheets, y muchos otros. Muchos están escribiendo sobre ángeles, asociación con ángeles y la liberación de revelación del Padre con respecto a la actividad angelical en el dominio de la tierra. Quiero animarle a leer otros libros para completar su conocimiento y profundidad sobre este tema.

Está bien sentirse con conocimiento muy elemental acerca de la comprensión de los ángeles en este punto, pero a medida que avance (tal como ocurrió con la comprensión de los sueños en una era pasada), la ayuda con la comprensión del ámbito angelical crecerá; su experiencia tanto espiritual como física y su conocimiento de los ángeles, aumentará. Los ángeles están deseosos que usted tenga un mayor conocimiento y comprensión de ellos; cómo ellos aman lo que el Padre ha amado y cómo fueron creados para amar lo que el Padre ha amado.

Que este libro y las próximas páginas le den a usted nuevos conocimientos y le den ánimo para conocer a su ángel personal y empezar a participar con ellos como un ejercicio diario. Su vida nunca volverá a ser la misma si elige hacerlo.

Tómese un momento antes de seguir preparándose para recibir la revelación de este libro. Es importante que nuestra alma dé un paso atrás y nuestro espíritu pase a un primer plano.

Nos referimos a esto como vivir en el espíritu primero. La mayoría de nosotros, hemos vivido con nuestra alma a cargo de nuestros asuntos diarios y no hemos permitido que nuestro espíritu intervenga mucho en nuestra vida diaria. No es así como debemos vivir. El apóstol Pablo nos instruyó una y otra vez a vivir en el espíritu. A esto se refería. Ahora, háblale en voz alta a su alma e indíquele que dé un paso atrás. Luego, hable con su espíritu e indíquele que se acerque. ¿Sintió ese cambio?

Aprender a vivir con el espíritu al frente es esencial para nuestro crecimiento espiritual, de modo que nuestro espíritu pueda convertirse en la fuerza dominante en nuestras vidas. Dado que este libro está repleto de revelaciones y conocimientos reveladores, es esencial que exploremos este libro a través de nuestro espíritu, en lugar de nuestro intelecto. No está escrito para apelar a su intelecto. Está escrito para apelar a su espíritu, que anhela más información del Cielo de donde vino. Su espíritu ha estado anhelando las revelaciones del Cielo desde su concepción. Si tiene cincuenta años, su alma ha tenido una ventaja de cincuenta años. Debemos cambiar nuestro enfoque y ser guiados por el espíritu, en lugar de guiados por el alma. Usted puede hacerlo. Simplemente requerirá algo de práctica por parte suya y la decisión de leer este libro desde su espíritu en lugar de su mente natural.

Algunas cosas no tendrán sentido al principio, pero a medida que su espíritu pueda ayudar a su alma en el procesamiento de la información, llegará la comprensión. Para ayudar con este proceso, haga una pausa ahora mismo y háblele a su alma: "Alma, cooperarás con mi espíritu y con el Espíritu Santo al leer este libro. No dominarás, sino que estarás subordinada a mi espíritu y al Espíritu Santo". Ahora, háblele a su espíritu diciendo: "Espíritu, te ordeno a comenzar a ayudar a mi alma a procesar y aceptar lo que testifica mi espíritu con el Espíritu Santo. Te doy permiso para ser la voz dominante en mi vida, en el nombre de Jesús".

Ahora, comience a orar en el espíritu por unos momentos hasta que sienta que su espíritu está en posición y ha comenzado a ministrar a su alma.

Este enfoque le permitirá obtener la máxima cantidad de tiempo que dedica a este libro. Siempre que sienta que su alma lucha y desea recuperar la preeminencia, simplemente haga una pausa, hable con su alma y dígale que se calme. Asegúrele que todo irá bien. El Espíritu Santo está a cargo. Ahora, entre a los dominios del Cielo y comience a recibir.[3]

Al leer este libro, a veces leerá nuestro diálogo con Lydia, una mujer de blanco que asesora a nuestro ministerio, o con Ezequiel, el ángel principal de nuestro ministerio. Otros también nos ayudaron. Sin embargo, simplemente personalice lo que lee de nuestra experiencia con sus propias experiencias. Esperamos que las revelaciones y experiencias registradas en este libro le ayuden a catapultarlo en su comprensión y trabajo con los ángeles y con los dominios del Cielo. ¡Diviértase!

---

[3] Hablo más de esto en el Apéndice bajo: Aprender *a vivir en el espíritu primero*.

Capítulo 1
El Cielo ha estado esperando

El Cielo ha estado esperando durante mucho tiempo por esta era en la historia. Los hijos de los hombres se están convirtiendo en hijos de Dios de formas nuevas y emocionantes. Están aprendiendo a vivir según su espíritu y a seguir el fluir revelador del Cielo. Están aprendiendo a relacionarse con el Cielo, con los hombres y mujeres vestidos de lino blanco, con los ángeles y con las criaturas vivientes que la Biblia menciona pero que no describe a menudo. Quizás lo encontraríamos demasiado increíble. Nuestra cultura ha buscado definirnos y definir a Dios para nosotros, sin embargo, el problema de eso ha existido desde la época de Adán en el Jardín del Edén. Él se confabuló con Eva para comer del Árbol del Conocimiento del Bien y del Mal y desde entonces hemos estado lidiando con las consecuencias de esa decisión.

Aunque el Padre no fue tomado por sorpresa por la acción de Adán, ciertamente no fue la mejor elección que Adán pudo haber hecho. Hemos hecho lo mismo en nuestras vidas, por lo que no podemos quejarnos mucho.

Sin embargo, ahora estamos en un momento en el que estamos aprendiendo cosas nuevas sobre el Cielo, sobre cómo acceder a él y cómo relacionarnos con él en dimensiones que no se conocían hasta hace apenas unos años. La sociedad ha tratado de insultar a los creyentes que se relacionan con el Cielo llamándolos místicos, pero la definición de un místico es simple. Místico significa alguien que conoce a Dios. Eso no me parece nada malo. ¿Y a usted?

Es posible que haya escuchado a alguien decir en tono de burla de otra persona que siempre parecía estar pensando y hablando de las cosas celestiales: "Tiene una mentalidad tan celestial que no está terrenalmente cuerdo". Me gusta lo que dice un amigo: "¡Quiero tener una mentalidad tan celestial que sea terrenalmente increíble!"

En Colosenses 3:1-3 leemos:

Si, pues, habéis resucitado con Cristo, buscad las cosas de arriba, donde está Cristo sentado a la diestra de Dios. Poned la mira en las cosas de arriba, no en las de la tierra. Porque habéis muerto, y vuestra vida está escondida con Cristo en Dios.

Si hemos dicho cosas como los burladores que acabo de mencionar, debemos arrepentirnos porque Colosenses 3:1-3 claramente nos instruye a pensar en el Cielo y vivir fuera del Cielo. La traducción de la biblia The Mirror de este pasaje dice:

[1] ¡Véanse co-resucitados con Cristo! Ahora reflexionen con persuasión sobre las consecuencias

de tu co-inclusión en él. ¡Reubíquense mentalmente! Involucren sus pensamientos con las realidades del salón del trono donde están co-sentados con Cristo en la autoridad ejecutiva de la diestra de Dios. ² Familiarizarse afectuosamente con los pensamientos del salón del trono evitará que se distraigan de nuevo con el reino terrenal [gobernado por el alma]. ³ Nuestra unión con su muerte rompió la asociación con ese mundo; ¡véanse ubicados en una fortaleza donde su vida está escondida con Cristo en Dios! (MIRROR)

Debemos estar dispuestos a trabajar con el Cielo en dimensiones completamente nuevas que quizás nunca antes hayamos considerado. Ese trabajo también debe incluir nuestra voluntad de involucrarnos en el dominio angelical. No solo con nuestros Ángeles Personales, sino también con otros ángeles de ese dominio.

Al estudiar el tema de los ángeles (o "angelología") encontramos una gran cantidad de lagunas en las Escrituras. El Cielo debe llenar esos vacíos por nosotros. La gran noticia es que el Cielo está dispuesto a hacerlo. A lo largo de este libro, leerá acerca de trabajos con el Cielo y de la revelación que se nos ha brindado al buscar al Padre y Su Reino.

Una de las cosas más comunes que escuchamos cuando hablamos de ángeles con las personas, es el hecho que quieren saber el nombre de su ángel. El Cielo ha puesto a disposición varios medios. En el Capítulo 5, puede leer la historia de Donna sobre eso; sin embargo, permítame comenzar con algunos conceptos básicos para ayudarle a superar este problema. Aquellos que se involucran en las realidades del Cielo sin duda experimentarán encuentros reveladores asombrosos.

---

*¡Esta es la era
de los encuentros reveladores!*

No es esencial que conozca el nombre de su ángel. Es útil y probablemente lo ayudará en su trabajo con su ángel, pero si aún no sabe el nombre de su ángel, no lo descalifica para trabajar con él. Los desafíos para aprender su (s) nombre (s) pueden simplemente ser parte de nuestro viaje y convertirse en parte de su testimonio de trabajo.

Revelado en un sueño

A menudo, el Cielo le presentará a su ángel en un sueño. Es posible que no pueda ver el rostro de la persona en el sueño, lo cual es una pista que este puede ser su ángel. En el sueño, la persona (o animal, a menudo un caballo) tiene características que usted asociaría con un ángel. Preste atención a su sueño y si cree que ha tenido un sueño que le reveló a su ángel, pero se le perdió en el momento del sueño, pídale al Cielo una segunda oportunidad. Preste mucha atención en sus sueños.

Relacionarnos por elección

En cualquier caso, todo lo que hacemos con respecto al Cielo lo hacemos por fe. Podemos empezar a relacionarnos con nuestro ángel simplemente por elección. Podemos comenzar a conversar con ellos, darles instrucciones, comisiones, etc. Puede pedirles consejo o aportes sobre un asunto y ellos pueden ayudarle o asesorarle en algo. Eso sucedió con bastante frecuencia al escribir este libro, como leerá en breve.

Informarse con el Cielo

Simplemente podemos pedirle al Cielo y escuchar lo que el Cielo hable. Puede venir como una sensación a su espíritu, o puede oírlo o verlo. Si sabe cómo llevar un diario guiado por el espíritu mientras enseñamos, entonces escriba junto con el Cielo sobre esta información. El Cielo quiere que conozca. El Cielo no quiere que la interacción con él sea un misterio eterno para usted.[4]

Corte de Ángeles

Otra opción es acceder a la Corte de Ángeles y solicitar saber el nombre de su ángel. Allí tienen registros de cada ángel y pueden ayudarle. Una vez más, preste atención a

---

[4] Hablo más de esto en el Apéndice bajo *Cuatro claves para escuchar la voz de Dios*.

lo que oye o siente y no lo adivine. Asegúrese de haber ordenado a su alma a dar un paso atrás y de haber llamado a su espíritu a venir al frente antes de hacer estas cosas.

Alistar a un vidente

Puede pedir a alguien que conozca, que sea un vidente fuerte, que lo ayude. A menudo, pueden ayudarle a determinar esta información.

Una vez más, tenga en cuenta que el Cielo desea que obtenga acceso a esta información, pero no se desanime, siga insistiendo. Es probable que sienta a los ángeles antes de verlos. Los capítulos sobre *Cómo trabajar con su ángel* le ayudarán si tiene dificultades.

Recuerde llamar a su espíritu hacia el frente y ordenar a su alma a que se relaje y descanse mientras lee y medite el material de este libro. Permita que el Espíritu Santo lo ayude a procesar las revelaciones que está a punto de recibir. Recuerde, Él lo guiará a toda la verdad.

Capítulo 2
Ángeles de la guarda vs Ángeles Personales

Habiendo escuchado el término Ángel de la Guarda varias veces en mi vida, me preguntaba qué diferencia (si es que había alguna) existía entre un Ángel de la Guarda y un Ángel Personal. Entonces, el Cielo me dio una respuesta.

"El Ángel de la Guarda tiene la supervisión de los jóvenes, y un Ángel de la Guarda está destinado a convertirse en el Ángel Personal del individuo. Los Ángeles de la Guarda son asignados por el amor del Padre para su creación porque Él sabe que necesitamos protección, así como protegemos a nuestros niños cuando son pequeños. El Padre protege a sus pequeños con la ayuda de los Ángeles Guardianes que los protegen de muchas formas: física, mental y espiritualmente. Cuando un niño que ha sido instruido en la existencia de Dios llega a la mayoría de edad, comienza a reconocer por sí mismo y a detectar la presencia del Espíritu Santo para recibir la adopción por medio de la sangre, del cuerpo, y del nombre del Redentor. La mezcla de esto da como resultado un cambio de Ángel de la Guarda al estado de Ángel Personal", explicó Ezequiel.

"¿Tienen los ángeles lo que consideramos crecer y madurar?" preguntamos.

"Es más una clasificación en la que se transforman a través de lo que llamamos cambios físicos debido al rango que se les asigna y se les otorga. Su apariencia puede madurar al igual que la apariencia de un ser humano que cambia con el tiempo. No es una madurez como pensamos, sin embargo, pueden aumentar de rango", señaló Ezequiel.

"¿Cuándo se les da a los ángeles la asignación de una persona para que se conviertan en su Ángel de la Guarda?" preguntamos.

"Ha sido planeado durante mucho tiempo. Con el consentimiento de uno de vivir su pergamino en el tiempo señalado, un ángel o ángeles son asignados a ese pergamino esperando la venida del ser humano a la tierra. Su asignación es tanto para el pergamino como para el individuo. Tras la concepción, el ángel es llamado al deber de ministrar y proteger al ser humano, particularmente en lo que respecta a proteger su espíritu. Su alma aún no se ha formado verdaderamente, pero está en proceso y por supuesto, su estructura humana también está en formación; sin embargo, su espíritu está funcionando plenamente desde el momento de la concepción", describió Ezequiel.

Clasificaciones de Ángeles

Todos los ángeles anhelan el rango más alto de logro que se otorga. Sin embargo, existen diferentes clasificaciones de ángeles y estas clasificaciones son fijas. Los ángeles no se transfieren de una clasificación a otra o de una clase a otra,[5] sin embargo, pueden transferirse de rango en rango. Al igual que usted no se convierte en jirafa a medida que crece porque esa es otra especie diferente. Entonces, los ángeles permanecen en sus clasificaciones, pero se mueven a través de una escala de logros y aumentan en rango.

Los Ángeles son Dominios

Los ángeles *tienen* dominios y los ángeles también *son* dominios. Todos los ángeles tienen dominios. Piense en términos de un espacio dimensional. No son dominios fijos, son moldeables.

Por ejemplo, el Padre asigna ciertos ángeles para asignaciones específicas. Su clasificación es diferente a la que compartimos sobre Ángeles Guardianes, Ángeles Personales o Ángeles Asignados para trabajar con usted. Algunos ángeles no están asignados para trabajar con usted, sino que están asignados para realizar la voluntad

---

[5] Es decir, los Ángeles de Reunión siguen siendo Ángeles de Reunión, los Ángeles Mensajeros siguen siendo Ángeles Mensajeros, aunque pueden aumentar de rango.

del Padre. Es otro tipo de ángeles. Esto es lo que ellos hacen.

Existe una gran cantidad de ángeles que están destinados a colaborar con los vivos en el reino de la tierra. Estos son ángeles que a menudo se aburren si el lado espiritual de una persona está inutilizable, menospreciado, nunca investigado, considerado o apreciado, o si nunca involucra a su ángel.

Además, existen ángeles caídos, que es un libro completamente diferente. Así como trabajamos con nuestro Ángel Personal o Ezequiel como ángel del ministerio, las personas malvadas trabajan con seres espirituales que una vez se conocieron como ángeles. Colaboran con ellos. Se hacen promesas unos a otros que no pueden cumplir. La razón por la que no pueden cumplirlas es que todos están bajo la jurisdicción de Jehová, quien no permitirá que se cumplan las promesas; sin embargo, a veces se están saliendo con la suya debido a la falta de conocimiento de los santos, la adjudicación de la ley angelical y la mayordomía de los dominios que el Padre ha entregado a las personas.

¿Puede ver por qué la revelación es tan primaria? Vivir por revelación es vivir como un hijo de Dios. ¿Recuerda la revelación de "Todas las cosas comienzan por el espíritu"? Todas las cosas suceden y han comenzado en el espíritu, y estoy hablando de TODAS LAS COSAS: ¡todo es todo! Una vez que aceptamos que todas las cosas comienzan en el espíritu, debemos determinar si ha comenzado en el espíritu de las tinieblas o en el espíritu de la luz.

Este discernimiento es importante, y su discernimiento de la revelación se verá afectado por el lugar que elija para enfocarse, ya sea que esté enfocado en la luz, la Gloria y el Reino del Padre, o si está enfocado en el enemigo derrotado. Debe considerar a dónde se dedica la mayor parte de su tiempo a enfocarse, porque su enfoque afecta lo que está recibiendo.

El enemigo en general busca mantener a muchos cegados a su naturaleza espiritual y, si no son cegados, al menos completamente inconscientes. Luego introduce mentiras engañosas, cosas negativas, dolor traumático y cosas por el estilo para capturar la naturaleza espiritual. Él busca tanto el espíritu como el alma.

Lo más fácil que puede hacer Satanás es capturar su cuerpo.

Satanás espera que, a través de su carne, él gobierne sobre usted, para que su alma esté abierta a él. Una vez que gobierna sobre el alma, el espíritu lo sigue. Ese camino inicuo no es el plan del Padre, ni es esto lo que Jesús presentó como el plan victorioso sobrecogedor del Padre. Todas las cosas se han abierto para aquellos que encontrarán y seguirán al Padre al entrar en los dominios del Cielo recibiendo pleno acceso desde su espíritu para un despertar completo en su espíritu, alma y cuerpo.

Los tres dominios —espíritu, alma y cuerpo— responderán a la luz del Padre. Esa es la importancia de enfocarse en quién es Él, dónde está, qué es y cómo es. Aprender cómo es el Padre: su naturaleza, carácter y diseño es fundamental para el caminar de un hijo o una hija de Dios. El Cielo quiere en este momento que usted conozca muy rápidamente: "Esto es lo que mi Padre es". Esta cosa que estoy viendo, o creyendo, o considerando, no es mi Padre. Él no es este miedo, este dolor, esta falta (o lo que sea). Este tipo de discernimiento es para los santos, y fluye de su alineación y enfoque en quién Él es, lo que Él es, y como Él es, todo lo que constituye en sí mismo.

Por ejemplo, en el Salmo 23 leemos: "El Señor es mi pastor". Las características vivificantes de un pastor también son características de su Padre celestial. Puede interconectar esas características: Su amor perfecto, Su dirección, Su cuidado para restaurarle, Su alimentación y agua para su vida. Su Padre celestial es todas estas cosas y más para usted.

Los Ángeles de la Guarda no están diseñados para enfrentarse directamente al enemigo. Su principal propósito es ser un protector, como un guardaespaldas, sin embargo, no suelen ser Ángeles Guerreros. Hay otros ángeles disponibles para ayudar al Ángel de la Guarda en la protección del dominio de alguien.

Los ángeles brindan ayuda a los humanos de muchas maneras y usted puede solicitar ayuda angelical para alguien. A veces, su ángel o el ángel de otra persona necesitan ayuda, y puede solicitarla al Padre. Por ejemplo, detectar una situación en la que un ángel tiene que lidiar con la incursión de un enemigo en un ámbito o puerta. Puede solicitar al Padre, Ángeles Guerreros que ayuden al ángel de la persona a lograr la derrota del enemigo.

A medida que aprenda sobre los ángeles y los dominios, tenga en cuenta que necesita verificar periódicamente el estado de todos sus dominios. Dado que la revelación de los dominios es algo nueva, y el entendimiento continúa expandiéndose, el comisionar, cargar y liberar a su ángel para proteger su dominio y sus puertas es una enseñanza y un entendimiento elemental. También puede ponerle a cargo de verificar sus dominios, puertas y puentes para garantizar que todos estén seguros. Esto incluso se puede enseñar a los niños.

Aprendiendo a poseer su dominio

Es un proceso de aprendizaje poseer su dominio. Usted es un dominio y, sin embargo, un individuo está formado por muchos dominios. El espíritu de una persona es un dominio, su alma es un dominio, su cuerpo es otro dominio. Su familia constituye un dominio. El negocio o el empleo de una persona es un dominio. Dentro de estos dominios hay territorios.

Aprender a poseer su dominio significa aprender lo que hay en él, lo que necesita liberar y aprender lo qué necesita ingresar. Es aprender cómo debe llenarse, cómo debe mantenerse lleno y cómo los ángeles ayudan con eso y trabajan con eso. También es aprender cómo invitar a las características y cualidades del Padre a su dominio. Querer el fruto del espíritu en su dominio. Experimente eso al ceder su dominio y los territorios de su dominio a la obra del Espíritu Santo.

Usted tiene diferentes partes de su dominio general que están más asociadas con su humanidad. Por ejemplo, su alma es un dominio dentro de su dominio general. Su alma ayuda a definir su personalidad, sus emociones, intelecto y más. Cuando piensa en términos de dominios, comienza a determinar su capacidad para cambiar y todo esto depende de su deseo, su intención y su elección.

La comprensión de los dominios y cómo poseerlos y darles a sus ángeles el cargo de proteger sus dominios son algunas de las cosas que el enemigo ha sabido durante mucho tiempo y usó personas malvadas para cerrar. Si no pudiera cerrar ese entendimiento en una persona, lo robaría. Robaría su dominio llenándolo consigo mismo.

Invite a Jesús a su dominio

Aquellos que están en el hijo, en Jesús, lo primero que hacen es invitarlo a su dominio. Usted ha conocido esto en un lente o perspectiva llamada salvación, y el efecto es algo similar. Está invitando al Dios viviente en representación de Sí mismo como Su hijo Jesús a que se establezca en su dominio.

Cesión de su Territorio

Dentro de cada dominio humano existen territorios. El dominio del alma tiene territorios. Su carne física es un territorio. Las relaciones son un territorio, su discurso es un territorio y tiene muchos más.

Uno de esos territorios es el territorio de su imaginación. Un obstáculo para nuestra capacidad de ver de manera concluyente en el reino espiritual es que el territorio de nuestra imaginación tiene reclamos de propiedad contra él por parte de Satanás, entidades oscuras o incluso personas. Algunos de nuestros territorios tienen ocupantes ilegales que residen en ellos. Esos ocupantes ilegales deben irse. Es posible que hayamos dado acceso a estos ocupantes ilegales al no vigilar las películas que veíamos, las canciones que escuchamos, las revistas que leíamos o los programas de televisión a los que dábamos tiempo.

El Cielo ha proporcionado una solución simple a este problema. Simplemente transfiera la propiedad del territorio de su imaginación al Padre, al Hijo y al Espíritu Santo. Deje que Él sea el dueño de ese territorio y usted se convierta en el mayordomo. Esto puede ocurrir en la Corte de Títulos y Escrituras, donde simplemente solicitamos que el título de propiedad del territorio de nuestra imaginación sea transferido al Padre, al Hijo y al Espíritu Santo. Solicite también que todos los ocupantes ilegales de ese territorio sean desalojados y quitados.

Una vez que haya completado esto, invite al Rey de la Gloria al territorio de su imaginación. Recíbalo, dé la bienvenida a Jesús y al Espíritu Santo, dé la bienvenida a los siete espíritus de Dios, dé la bienvenida a las huestes angelicales, dé la bienvenida a los hombres y mujeres de lino blanco y dé la bienvenida a las criaturas vivientes del Cielo.

Cómo proteger el Territorio

Una vez que la imaginación se transfiere a Él, el Rey le ayuda a proteger el territorio de la imaginación en su dominio, poniendo Su asignación en él, poniendo Su nombre en él, poniendo Su etiqueta en él. Su imaginación puede ser un pozo y un estanque desde el cual se traduce la revelación ahora, el territorio tiene Su gloria, tiene Su majestad, Su fuerza, Su poder y es un lugar de Su control dentro de su dominio.

Cómo llenar su Dominio

Trabajar con el Espíritu Santo para llenar su dominio con todo lo que Dios es, y cederle estos territorios a Él para su uso, es el verdadero trabajo de los hijos e hijas de Dios en sus dominios individuales.

Hay muchas voces que quieren entrar a su dominio. Ha estado viendo el dominio como un lugar y un territorio escriturado. También puede mirarlo desde otras dimensiones. Mírelo como una frecuencia de sonido. ¿Qué sonido hay en su dominio y en los territorios de su dominio? ¿Qué sonido está dejando entrar? ¿Qué visiones? ¿Qué sensaciones? ¿Qué está permitiendo?

Compare y contraste sus hábitos con lo nuevo que Dios quiere darle. No puede recibir lo nuevo porque estás involucrado en el hábito. Debe ceder el hábito al Padre, permítale que ocupe ese territorio. Entonces puede decirle al hábito que salga de ese dominio y Él trabajará con usted en su dominio para sacar ese viejo hábito de allí. Usted dirá, "Oh, bueno, ese hábito tiene que desaparecer. Tiene que salir de este dominio". Puede ser necesario que se arrepienta por elegir o permitir que ese hábito gobierne su vida.

Una vez que sale de ese dominio, entonces la revelación puede llenar ese espacio y crear lo que podría llamar un nuevo hábito. Podría llamarlo un nuevo funcionamiento o una nueva metodología de pensamiento a partir de la cual vive.

Su expresión en su dominio es preciosa para el Padre y, sin embargo, el potencial de su valor de preciosidad aumenta cuando lo invita a llenar su dominio con más de Él. En respuesta, Su gloria lo llena más y el valor de su dominio aumenta. Su dominio se expande.

Cómo insertar tareas a su dominio

Además, usted tiene toda la idea de las tareas. Si hemos vivido desde nuestra alma, a menudo, sin darnos cuenta, no hemos permitido que los planes y propósitos de Dios se liberen en nuestro dominio para comenzar a cumplirse. Simplemente no sabíamos que teníamos que hacerlo. Las tareas son los propósitos que se persiguen por o dentro de un dominio en particular. Se deben considerar muchas facetas al contemplar las tareas. ¿Ha invitado a las tareas de Dios a su dominio? ¿Ha cedido las tareas en su dominio al Rey? ¿A quién pertenece el título de propiedad de esta cesión en sí mismo? ¿Es al Rey? ¿O es al enemigo? ¿Tiene el enemigo una tarea en este dominio?

Si descubre que el enemigo tiene una asignación en uno de sus dominios, su trabajo es desalojarlo. La forma de hacerlo es traspasar el territorio del dominio al Rey, para que el enemigo ya no tenga lugar. Esta acción permite a los ángeles del Rey regresar al dominio de usted, lo que alienta aún más al enemigo a huir.

Muchas de las posibles tareas son para la administración del dominio terrestre o la tierra como entidad. La tierra está sufriendo porque las tareas no se han asumido. Debido a que no hemos entendido que nuestros dominios pueden tener tareas, es posible que tareas sustitutas hayan entrado en nuestras vidas. Esto puede reflejarse en elecciones de carrera que no son satisfactorias para una persona. Cuando está haciendo lo que el Padre planeó que hiciera mientras vive en este planeta, usted encuentra paz y satisfacción en lo que está haciendo. Cuando las tareas apropiadas entran en el dominio de un individuo y se transfieren al Rey, entonces ese individuo comienza a demostrar todo lo que el Padre tiene para las personas para administrar la tierra.

Cuando el Cielo dice ser el administrador de la tierra, se refiere a la tierra física que está a punto de comenzar a responder al lado espiritual de los hijos de Dios de maneras asombrosas, formas que ni siquiera podemos imaginar.

Ya usted lo ha visto en sanidades físicas. Si su cuerpo, su cuerpo de carne, está hecho de la tierra, ¿no va a responder también la tierra a lo mismo de igual manera? Simplemente no le ha indicado que lo haga con el lenguaje adecuado en el momento adecuado. Necesita la gloria de Dios para hacer eso. Necesita Su presencia para hacer eso.

———·———

Capítulo 3
Cómo entender a los Ángeles

Muchos[6] no han entendido la clasificación de los ángeles, las diversas tareas de los ángeles y la variedad de ellos, lo que llamamos, tipos de ángeles. Nosotros pudiéramos clasificar a los ángeles por sus tareas, y los niveles de los ángeles son evidentes por su clasificación. La mayoría no entiende que los ángeles ascienden a través de un sistema de clasificación que es un honor que ellos buscan.

Uno de esos tipos de ángeles son los Ángeles Designados. Los Ángeles Designados tienen extremadamente grandes territorios y responsabilidades. Unión, el ángel de los Estados Unidos de América es uno de esos Ángeles Designados. Los Arcángeles son los Ángeles Designados: Miguel, Gabriel y Rafael. Ellos tienen deberes generales sobre muchos en sus dominios.

---

[6] Este capítulo está tomado de un mensaje de Donna Neeper.

Luego existen los Ángeles Enviados que llevan a cabo las instrucciones de cada variedad de propósitos del Reino. Estos ángeles son asignados para todo, desde trabajar en cortes celestiales, ordenar los pasos de las personas para cumplir la voluntad de Dios, cargar los pergaminos, traer revelación, hasta rescatar físicamente a los seres humanos. Estos son asignados y enviados por el Cielo y muchos de ellos llevan mensajes a las personas en la tierra.

Muchos de nosotros entendemos que dialogamos con el Padre y con Jesús, pero mucho menos con el Espíritu Santo e aún menos con los ángeles. Sin embargo, esto está cambiando. Nos estamos dando cuenta del hecho que no debemos tener miedo cuando se trata de ángeles. Esto es una gran ruptura de mucha formación religiosa que nos enseñó a temer el diálogo, la interacción y el compromiso con los ángeles que Jehová ha creado.

En los próximos días, la actividad entre los ángeles y la humanidad solo aumentará al igual que el hambre de los humanos por comenzar a explorar y comprender el trabajo con los ángeles. Esto es lo que estamos haciendo como ministerio en este momento. Estamos dando espacio para la exploración, la discusión y un nuevo pensamiento con respecto a los ángeles. Nuestra audiencia de YouTube también escucha esto porque nuestro alcance va más allá de lo que creemos.

Casi se podría llamar a esto un despertar al ámbito angelical para la novia de Cristo. Esto es oportuno y en orden. El Cielo quiere que conozca, comprenda y se relacione con los ángeles y que comprenda que el Espíritu Santo puede revelarle a su ángel a través de sus sueños. Le animo a que le pida al Padre un sueño que revele a su (s) ángel (es) y a cualquier ángel que esté trabajando con ellos.

Grupos de Pensamientos

En nuestra discusión sobre los ángeles, descubrimos que teníamos varios grupos de pensamientos. Con el tiempo, es probable que encontremos más grupos, pero este es un buen comienzo por ahora. Es probable que se encuentre en uno de estos.

Grupo N° 1
Compromiso inicial

Usted está aprendiendo a avanzar en los dominios del Cielo, a ver a los ángeles, así como a los hombres y mujeres de lino blanco. Puede estar en este escenario.

Grupo N° 2
Dialogando con ángeles

Si está aprendiendo a trabajar con su ángel, llamando a su ángel cerca y dialogando con su ángel en el espíritu; está comenzando desde el dominio de la tierra pero viendo a través de los ojos de su espíritu.

Grupo N° 3
Relación Activa

El tercer grupo es donde usted se relaciona activamente con los ángeles y puede verlos con sus ojos naturales.

Varias personas que he conocido pudieron ver ángeles con sus ojos naturales. Debemos entender que tenemos dos pares de ojos: nuestros ojos espirituales y nuestros ojos naturales. Cuando se trata del reino sobrenatural, a menudo veremos con nuestros ojos espirituales antes de ver con nuestros ojos físicos en el reino espiritual.

Blake Healey, quien escribió *The Veil (El Velo)*, es un individuo único que puede ver seres espirituales con sus ojos físicos cuando decide mirar. Muchos de nosotros podemos cultivar esta habilidad. Es probable que requiera práctica, pero creo que el Cielo quiere que podamos hacerlo.

En mi libro, *Liberando su Visión Espiritual*, identifico los bloqueos típicos de la visión espiritual que hemos descubierto en nuestros años de trabajo con personas. Si tiene el desafío de poder ver en el reino espiritual, ese libro puede ser muy beneficioso para usted.

——— · ———

Capítulo 4
Los Guardianes y sus dominios

Necesitamos hablar sobre los dominios, comenzó Ezequiel. "Un entrelazamiento de los dominios existe a lo largo de las consecuencias provenientes del entrelazamiento de los dominios dentro de los santos. Es posible que estés sufriendo debido a ese entrelazamiento y tengas la necesidad de enderezar algunas cosas. Deseas tener acceso a los Ángeles de la Guarda de cada dominio involucrado y asegurar su empleo para ayudar a enderezar lo que se ha enredado. Con esto comenzamos nuestro trabajo con el Cielo", continuó.

Como ministerio, estamos en una curva de aprendizaje debido a lo que estamos haciendo. El ministerio en general ha alcanzado un mayor nivel de responsabilidad. Inesperadamente, nos encontramos siendo el objetivo de un ataque de mayor magnitud, por lo que el demonio, sorprendentemente, pudo asegurar la entrada a nuestro dominio. Fue como un grupo de asalto contra el alcance del ministerio, donde lo demoníaco estaba invadiendo nuestro dominio con grupos de asalto con el propósito de hacer un lío, provocar incendios, causar destrucción general y perder armas de guerra contra nuestros miembros y contra el llamado de este ministerio. Muchas cosas están cambiando en este sentido. Su necesidad de la ayuda de su ángel es alta y, sin embargo, hay una puerta a la que debe seguir acercándose y no retroceder. Estas fueron nuestras instrucciones.

Su ángel puede usar nuevas armas y más ayuda. Algo de lo que usted está sufriendo proviene de todo el tiempo en el que está viviendo y de los grupos de las tinieblas que atentan contra su llamado y lo que le ha sido otorgado a usted. El enemigo tiembla y teme lo que usted puede hacer y ha elegido a los miembros más débiles para saquearlos.

El Cielo nos dijo esto: "Su ministerio contiene dominios y el dominio de cada persona asociado con su ministerio puede proporcionar al enemigo una puerta abierta a través de la cual intenta entrar engañosamente. La necesidad de realizar transacciones judiciales en su contra es urgente. Se encontrarán en nuevas cortes por esto y necesitarán una mayor comprensión. Su trabajo está causando malestar al enemigo. Al capacitar a nuevos defensores, descubrir nuevas salas de audiencias y cómo acceder a ellas, y todos los entendimientos reveladores asociados que están sacando a la luz, están invadiendo al enemigo. Como resultado, él quiere invadirlos a ustedes. Está tratando de limitar su territorio porque ustedes están recuperando con éxito el territorio que él robó. Su ira se agita, pero sin embargo, el Reino de Dios sale victorioso, y ustedes deben mantenerse en este camino y no detenerse sino continuar dando pasos como saben y continuar. No retrocedan."

Buscamos una mayor comprensión del entrelazamiento de los dominios y sobre cómo fluir con los Ángeles Guardianes de los dominios y utilizarlos. Ezequiel, el ángel principal de nuestro ministerio, comenzó a describir sus necesidades actuales: más armas, ballestas, jabalinas, cortinas de humo, redes, elixir de ángeles y mapas de los dominios. Él necesitaba acceso a la sala de mapas. Necesitaba apoyo de su Ángel Comandante y comida de ángel y tranquilidad para calmar las atmósferas.

Hicimos estas peticiones al Padre en nombre de Ezequiel para su suministro y el suministro de sus comandantes y sus filas. Una vez que hicimos la solicitud, alguien le trajo una llave a Ezequiel. Era la llave de la sala de mapas.[7] También pidió el arma llamada Stein,[8] así que hicimos la solicitud y Ezequiel se fue.

Puertas de los Dominios

Cada dominio tiene puertas que se supone que los ángeles deben vigilar. Los Guardianes de los que hablo en esta parte del libro son diferentes de los Ángeles

---

[7] Los mapas indican la disposición de la tierra dimensionalmente para los ángeles. Muestra rutas de viaje más rápidas para ellos y la ubicación de puertas, reinos, puentes, trampas y puntos problemáticos. Cuando su ángel le pida mapas o la llave de la sala de mapas, no dude en solicitar estas cosas por ellos.

[8] Stein es una piedra grande que tiene capacidades direccionales. Vienen de varios tamaños. (Recuerde la piedra de David que mató a Goliat).

Guardianes de los jóvenes. Su Ángel Personal realiza algunos de estos deberes, pero a menudo tiene otros ángeles asignados para ayudar en la protección de cada puerta, dominio y puente relacionado con su vida, ministerio o negocio. El número de ángeles asignados depende del pergamino de la persona o de su negocio o ministerio. Pueden ser pocos o muchos según la necesidad y la voluntad del Padre. Si el alcance de uno es limitado, la necesidad de grandes cantidades de ángeles es innecesaria. Sin embargo, si el alcance de su negocio o ministerio es extenso, entonces necesita más ángeles para proteger los territorios sobre los que tiene alcance.

Dado que cada persona es un dominio y tiene dominios dentro de su dominio, esos dominios también tienen puertas. La necesidad de la persona es que los ángeles vigilen las puertas y los dominios como si estuvieran de patrulla o de centinelas. Además, debido a que cada persona tiene puentes para las relaciones y el comercio, esos también deben ser protegidos. Una vez que haya comprometido a sus ángeles y esté al tanto de su asignación, encárgales que patrullen sus dominios, puertas y puentes solo permitiendo lo designado por la voluntad del Padre y manteniendo fuera todo lo que no está diseñado por el Padre para que usted experimente o involucre en ellos.

En la situación del ministerio LifeSpring, mi Ángel Personal y el ángel principal sobre el ministerio es Ezequiel. Él está a cargo de otros comandantes que tienen a su cargo las filas de los ángeles. Estos ángeles llevan a cabo el deber de centinelas y también trabajan para acercar al ministerio a aquellas personas que buscan la revelación y la enseñanza que proporcionamos. También trabajan para mantener ocultos de nuestro ministerio a aquellos que no están asignados a conocernos. Los que no están asignados a usted pueden ser una carga para sus recursos y su tiempo, que es un tipo de robo. El robo de tiempo o recursos no es el deseo del Padre para ninguno de nosotros y debemos ser conscientes de ese hecho. En el pasado, hemos tenido experiencia trabajando con personas que no fueron asignadas para trabajar con nosotros. Es una asignación mutua. Mientras comerciamos con ellos, ellos deben comerciar con nosotros. Es el camino del comercio de los Cielos.

El Ángel de la Guarda de cada dominio debería estar en servicio activo, pero a menudo no lo está. Algunos han sido secuestrados por el enemigo. Algunos han sido detenidos en otros lugares. Algunos se quedan atrapados en otros dominios. A algunos les gustan otros dominios, por lo que no regresan al dominio al que están asignados. Algunos abandonan su puesto debido a la inactividad en su propio dominio o debido a la actividad en otros dominios por los que sienten curiosidad. Dejarán su puesto e irán a otro dominio porque reconocen actividad en ese dominio.

A los ángeles les gusta estar ocupados; no pueden soportar el aburrimiento. Cuando los ángeles ven la actividad en otro dominio, esto puede atraer su curiosidad y es una poderosa atracción para los Ángeles Guardianes que no están siendo utilizados por el dueño del dominio al que están asignados. El dueño del dominio podría ser un hijo o hija de Dios, o el humano que aún no ha despertado, o el oscurecido[9] que no ha recibido la renovación, el renacimiento y la salvación del Padre. Como resultado de la atracción por otro dominio, algunos ángeles han dejado su asignación original y han ido a ver o a participar en la actividad de otro dominio. Como han hecho esto sin el permiso del Cielo, están esencialmente Ausentes Sin Permiso (A.S.P.).

Si puede determinar que esto es lo que le ha sucedido al ángel de una persona, entonces para lidiar con esto de manera efectiva se requiere un trabajo en la sala de audiencias donde el ángel Ausente Sin Permiso (A.S.P) es llevado a la corte para ser juzgado. Esto ocurre en la Corte de Adjudicación de las Fuerzas Angelicales, donde usted no es el que juzga, sino el Padre o los designados por Él para juzgar. Cuando presente a la corte la solicitud que un Ángel de la Guarda ha desaparecido o se ha ausentado sin permiso, la corte valorará la evidencia y decidirá el curso de acción apropiado. Daremos una descripción de una experiencia que tuvimos en esta corte en las próximas páginas.

Los ángeles que han dejado su puesto de trabajo sin permiso se conocen como Ángeles de la Guarda Rebeldes. A veces, abandonan su dominio por completo durante largos períodos de tiempo y no regresan al lugar donde han sido asignados. A menudo sienten curiosidad por aquellos que tienen dominios espirituales activos y

---

[9] Persona que aún no ha nacido de nuevo y ha despertado al Reino de Dios.

pueden no querer participar en dominios de oscuridad de la humanidad oscurecida. A veces incluso desean rutas de escape de su dominio, no sea que se les ponga la tarea de enfrentarse a la oscuridad, porque esto no es el propósito de ellos y va en contra de sus diseños. Ellos pueden resistirse a su asignación y, a menudo, son llevados cautivos por la oscuridad para ser obligados por la humanidad no iluminada[10] o el reino demoníaco para hacer los actos de las tinieblas. Esto es algo muy trágico y desconcertante para los ángeles del Cielo. Explico el aspecto de los ángeles en cautiverio en el Capítulo 7.

Es importante que la humanidad se despierte a su papel dado por Dios como administradores de los dominios, esto importante para los humanos y para los ángeles. Sin una administración adecuada de los dominios, tanto los humanos como los ángeles corren el riesgo de ser capturados por el enemigo, en lugar de trabajar juntos para alcanzar los propósitos de Dios para su dominio.

No es raro que los ángeles le pidan al Padre que los reasigne de los dominios humanos que se les ha encargado de administrar. ¿Ve cómo nuestro mal entendimiento de los ángeles ha impactado nuestras vidas y las vidas de otros más?

¿Conoce que cuando una persona recibe la luz del Padre a través de Jesús, el Hijo, y comienza el camino de

---

[10] Los brujos a menudo utilizan a estos ángeles guardianes rebeldes para sus propósitos.

la gracia para convertirse en hijos y santos, ¿hay mucho regocijo en el Cielo porque el ángel de ese dominio también ha sido mejorado? Es una redención. No es como si el ángel fuera redimido, pero *el ángel recibe la redención de su dominio cuando el humano es redimido.* Los ángeles se complacen aún más cuando una persona recibe a Jesús que cuando un santo regresa a su hogar en el Cielo (es decir cuando muere).

Los dominios de la humanidad no han entendido el dominio espiritual del que son mayordomos. Ellos no lo han conocido. No han visto esto. Muchos santos todavía están oscurecidos en su entendimiento, sin comprender su papel de adjudicar ángeles, ordenar a ángeles, estimular a ángeles, rescatar a ángeles y dar seguimiento a la actividad angelical con exigencia y certeza. Esto está cambiando, pero esta comprensión es una gran necesidad de la humanidad.

Algunos que trabajan desde la oscuridad, que tienen este entendimiento, y han liberado el saqueo, el comercio ilegal, los graves conflictos humanos y la explotación de tronos capturados a través de su comprensión del ámbito angelical. Esto es doloroso.

Es importante que los santos comprendan mejor la raza angelical, para que los dominios puedan ser administrados y comercializados como el Padre los diseñó. La Novia debe continuar en su madurez, tomando todas las cosas que el Padre le ha liberado y dado a través del Hijo, porque ¿no es ella la Novia del más grande?

Esta liberación de poder que llega a la Novia no se debe a que ella carezca de poder. Es porque no ha podido administrar sus dominios; y posteriormente se han perdido por su falta de comprensión. El Cielo desea que la humanidad abra los ojos y vea lo que ha hecho la oscuridad y cómo le ha robado a la Novia en este aspecto.

Es hora de que la Novia retome esto. Es parte de su narrativa. Es parte de quien es ella. Es parte de su manera de ser. La Novia no ha entendido esto y no ha podido trabajar junta como un cuerpo en esta área, pero esto está cambiando. El Cielo siempre tiene esperanza, y el Cielo le libera esta esperanza a usted.

Tronos Derrocadores

Los tronos demoníacos sobre la tierra deben ser derrocados. ¿Quién va a hacer eso? Son las fuerzas angelicales del Cielo administradas por los miembros de la Novia, aquellos que están despiertos y tienen autoridad, sabiendo quiénes son, sabiendo su asignación y su llamado. Esto evitará que la tierra sea saqueada y violada y detendrá el comercio ilegal que está ocurriendo entre las muchas dimensiones y dominios.

El Próximo Gran Despertar

Algunos humanos ofrecen su lealtad a los tronos malvados ilegales. La Novia tiene que despertar y eliminar estos usurpadores ilegales mediante el establecimiento de ángeles que estén correctamente asignados para estos tronos. Mientras que la Novia no lo haga, la mayoría de estos Ángeles Asignados estarán capturados y mantenidos en cadenas en los dominios espirituales. Esto es parte del próximo gran despertar: el despertar de la humanidad, a quienes realmente son. Ésta es una de las cosas que hace temblar a Satanás, cuando la humanidad despierta a su yo espiritual y el poder del Padre es liberado a través del Hijo para ellos tanto corporativamente como individualmente; pero aún más que el despertar personal, el despertar a la capacidad de trabajar con los ángeles.

El temblor de tronos en el Cielo y en los lugares celestiales en este momento es bastante emocionante. Está en un punto alto de actividad en este momento.

Quiero que usted entienda que el Cielo ve la línea de tiempo de la tierra. El Cielo comprende los tiempos y las estaciones y participa desde su posición en el Reino del Padre con una gran cantidad de conocimientos que todavía no se pueden entregar a la tierra.

Satanás ha tenido durante mucho tiempo una táctica contra la humanidad para obligarlos a conocer solo el reino físico (casi como si fuera un mandamiento falso).

El Cielo nos dijo que Adán entendía todos los dominios, así como el dominio que él iba a administrar (el plano 3-D o el dominio de la tierra). El despertar de la humanidad a su espiritualidad de la bondad, la luz, la amabilidad, la majestad, el poder, la dimensión de gloria de Jehová revelada a los hijos de Dios es lo que comenzará a cambiar en la próxima era, junto con el reconocimiento de estas cosas por parte de los muchos santos que durante mucho tiempo han estado cegados a estos entendimientos.

Quitar el Velo

La ceguera no es cuando usted camina con los ojos cerrados. La ceguera es cuando camina con algo sobre los ojos. Es el rasgar el velo de los ojos lo que tanto se necesita en esta era. Es un mandato celestial tan urgente, que incluso las fuerzas angelicales se han desatado en este aspecto, pero todavía están en una gran guerra en los cielos mientras que sus tareas aún no se han igualado completamente con sus victorias.

Adjudicación de las Fuerzas Angelicales

El Cielo explicó: "Algunos de sus ángeles han dejado su puesto y se han ido a otros dominios". Otros ángeles que dejaron su puesto han sido capturados por la oscuridad y necesitan ser liberados. Cuando un Ángel de la Guarda no está en su puesto y los dominios que se le han asignado no han sido administrados, entonces son vulnerables a la intrusión.

Para aquellos que han dejado su puesto, deben comparecer en la Corte de Adjudicación de las Fuerzas Angelicales. Aquí no es donde moran los ángeles para recibir asignaciones, ni es esta la corte donde los ángeles pueden reunirse con usted. Esta es la corte donde son juzgados. "El Cielo está listo para que lleven un caso a esa corte a nombre de los dos ángeles asignados a su ministerio que han dejado su puesto. Se han ausentado sin permiso", nos dijeron.

Le pedimos a Lydia que nos acompañara a esta corte y nos llevaron a la Corte de Adjudicación de las Fuerzas Angelicales. Lydia actuó como nuestra consejera. Ella comenzó, "Presentamos un caso con respecto a dos Ángeles Guardianes que han dejado su puesto. Lo traemos a esta Corte de Adjudicación de las Fuerzas Angelicales. Ingresamos la solicitud para esta corte que dos ángeles de dominios conectados al ministerio LifeSpring Internacional Ministries se han ausentado sin permiso. Solicitamos a esta corte un veredicto para ponerlos de regreso a sus puestos".

En la corte comenzaron a investigar las asignaciones de estos ángeles y estaban verificando que teníamos un caso con respecto a estos dos ángeles sin permiso.

Lydia explicó más cómo funcionaba esta corte. Dijo que esta corte primero verifica su acusación contra el ángel. Luego, la corte da a conocer el acuerdo donde estos ángeles han dejado sus puestos. Recuerde, estos son

Ángeles de la Guarda que han dejado sus puestos.[11] La corte decidirá.

Otros estaban en la sala de audiencias. Vimos magistrados de los dominios que parecían tener un gran interés en nuestro caso. Los magistrados estaban ayudando a dictar sentencia en el caso. También actúan como representantes del ángel. Son como los ángeles comandantes y toman el caso desde aquí. No iniciarían tal proceso a menos que un humano presentara un caso.

Ella explicó: "Si ustedes no traían el caso, no podría seguir adelante, sin embargo, como trajimos el caso, la sentencia vino de la corte, con los ángeles magistrados y los representantes de los ángeles comandantes, deliberando sobre el caso de atrás a adelante".

Continuamos mirando, y pudimos ver al Juez Justo que estaba liberando su juicio con respecto a estos ángeles sin permiso. El Juez Justo sentenció a nuestro nombre y emitió el veredicto. Dio un veredicto para estos ángeles por negligencia en el cumplimiento del deber. Ordenó que fueran amonestados y reasignados a sus puesto, solo que esta vez, estarían bajo una orden donde debían registrarse o ser verificados por alguien (como un oficial de libertad condicional).

Preguntamos: "¿Cuándo sabemos su efecto?"

---

[11] A veces se los conoce como Ángeles Guardianes rebeldes.

"Simplemente confíen en que tendrá efecto", nos dijeron.

Lydia continuó explicando que podíamos solicitar a esta corte que entregara a estos ángeles a la bondad del Padre. Esto es casi como pedir misericordia por ellos; de lo contrario, serían juzgados severamente por el Juez Justo. Nuestra petición que el Padre liberara misericordia para estos ángeles también fue escuchada en esta corte. Se nos dijo que podíamos ponernos de pie y pedirle al Juez Justo que fuera misericordioso, ya que esta era la primera vez que estos ángeles ofendían.

Anunciamos a la corte: "Estamos de acuerdo con la liberación de la bondad del Padre para estos ángeles".

Después de los procedimientos judiciales, fuimos a una sala de conferencias. Lydia comenzó a explicar: "Ahora que los Ángeles de la Guarda han sido tratados en la corte, serán reinstalados en la puerta de los dominios. Ahora es su trabajo ordenarles que aseguren la puerta del dominio que se les ha asignado, que la patrullen con veracidad y fuerza, y se mantengan firme contra todos los intrusos. Estos Ángeles de la Guarda estarán más conscientes de que les hablan".

Preguntamos sobre los otros dominios asociados con el ministerio.

Uno u otros dos dominios no estaban asegurados, lo que significaba que el ángel de ese dominio no había sido motivado a cumplir su deber, lo que ocurre al encargar a tu ángel en tu dominio. Los ángeles conocen su asignación a un dominio ya que está en un pergamino que poseen. Sin embargo, parte de nuestra colaboración con ellos es comisionarlos verbalmente al cumplimiento de sus deberes sobre su dominio. Lydia explicó: "No es que estos ángeles no estén fortalecidos. Están ocupados, pero no tan ocupados como deberían haber estado, no habiendo estado tan motivados a cumplir con su deber".

Preguntamos: "Parece como que ¿podemos entregar una comisión a cada ángel conectado con el ministerio, para que se despierten a su deber de proteger la puerta de su dominio asignado?"

"Sí, esto se puede hacer mediante una proclamación en la que unes fuerzas con Ezequiel para publicar un anuncio que estás observando y tomando nota de los dominios conectados a tu dominio y a tu piso de operaciones ", explicó Lydia.

Le preguntamos: "¿Solicito que se despierte a cada Ángel de la Guarda en la puerta de su dominio, para que aumenten su deber y estén autorizados a cumplir con su mandato?"

Lydia respondió: "Sí. Esto logra una agitación en las atmósferas de los dominios y es casi como si fuera la finalización de un ciclo que una vez se rompió. Lo logras mediante una comisión verbal al ángel a cumplir con su deber hacia el dominio al que ha sido asignado".

Ella continuó: "Ahora, que entiendes que las puertas de los dominios están conectadas al dominio[12] y al piso de negociación del ministerio; simplemente habla con estos ángeles para que cumplan con su deber, los ángeles sabrán cuando les hables. Puedes liberar a Ezequiel para que los controle. Él tiene suficientes rangos. Dirigirá sus filas mientras le pides que controle a los guardianes de las puertas de los dominios asociados a tu dominio.

Ezequiel puede ayudarte a comprender dónde hay otros guardianes de tus puertas que están en peligro, o que necesitan algo, o que son capturados, o están sin permiso. Él también puede ayudarte a comprender eso.

Asegúrate de solicitar la ayuda de Ezequiel en esto, él puede verificarlos. También debes pedirle a Ezequiel que fortalezca a los dos que han restablecidos en sus puestos. Es casi como si necesitaran un ángel amigo por un tiempo".

. . . .

Luego, Lydia nos instruyó a dar la bienvenida a los dos ángeles a sus puestos y comisionarlos de acuerdo con sus mandatos.

Hicimos lo que nos ordenó Lydia y tuvimos la sensación de que algo estaba destellando. Parecían fuegos artificiales, como cuando usted ve un estallido en el aire y luego las brasas regresan flotando a la tierra.

---

[12] Algunos dominios tienen dentro de ellos otros dominios. Esos dominios internos también pueden tener dominios internos.

Al usted preguntarle al Cielo acerca de sus ángeles, puede encontrar un escenario similar. Para aquellos de ustedes que tienen un negocio o un ministerio, deberán verificar el estado de los ángeles relacionados con esas entidades.

En los dos capítulos siguientes hablamos de cómo trabajar con sus ángeles. Encontrará información útil a medida que aprenda a sentir su presencia y cómo interactuar con ellos.

Capítulo 5
Cómo trabajar con su ángel
Parte 1

Funciona como un radar. Así como un submarino detectaría un objeto en una pantalla de su radar, funciona de manera similar con los ángeles. Pues Ezequiel, nuestro ángel del ministerio, comenzó su instrucción para nosotros.

"¿El ángel me tiene en el radar, o tengo un ángel en el radar?" Donna preguntó.

Ezequiel respondió que funciona en ambos sentidos. Su ángel siempre sabe dónde está, como si el ángel pudiera verle en el radar. Dondequiera que ángel esté, lo que sea que el ángel haciendo, el ángel es consciente de dónde usted se encuentra y lo que está haciendo a través del radar del ángel. No es como una pantalla de radar submarino, pero eso le da una idea de cómo funciona. Ezequiel nos estaba ayudando a reconocer que este es el método usado por los ángeles. Tienen esa habilidad.

"Por lo tanto, estás diciendo que ¿podemos aprender a usar esta misma vía sonar o frecuencia de onda como enlace de comunicación para sintonizar dónde está?" Preguntamos.

"Eso es lo que tienen que usar", fue su respuesta. Siempre que necesite ayuda angelical, la presencia del Cielo o la presencia cercana del Padre, el Hijo o el Espíritu Santo, un ángel puede traerle eso a usted.

Los ángeles traen varias cosas. Usted, lo siente como la presencia del Espíritu Santo, pero eso en realidad es una consecuencia de su incapacidad para discernir los diferentes niveles entre la presencia de ángeles o del Espíritu Santo. Como un hijo de Dios está madurando y empezando a discernir las diferentes unciones o diferentes expresiones de la presencia, los ángeles están involucrados en esto.

Usted puede crecer en su comprensión y su discernimiento de los espíritus y de lo que los ángeles traen. Puede discernir ángeles que traen una unción de sanidad, ángeles que traen una unción de fuego, ángeles que traen revelación y ángeles que ungen. Si bien es posible que no perciba al ángel en sí mismo, usted está percibirá la unción. Estará percibiendo lo que traen o llevan. Lo que realmente estará percibiendo serán sus ondas de frecuencias.

Un Ángel Sanador tiene una frecuencia diferente a un ángel de revelación, o un ángel de fuego y usted los estará percibiendo por frecuencia. A menudo, las personas intentan buscarlos, pero primero necesitan discernirlos a través de la frecuencia. Es más fácil hacerlo así. Las frecuencias auditivas y visuales son diferentes.

"Yo los discierno, y después de mi discernimiento, entonces puedo ver. Por lo general, mientras miro en el dominio espiritual, empiezo a obtener los detalles de cómo era el ángel", me describió Donna.

Usted tiene una función de radar en su espíritu que discierne la presencia de ángeles. La mayoría de los creyentes tienen esta capacidad pero nunca la han activado porque no saben cómo usarla. Estos creyentes son como bebés a los que se les han dado las llaves del automóvil, pero solo se las llevan a la boca. Saber cómo utilizar esta función de radar es un marcador del crecimiento del espíritu de uno a través de la comprensión del dominio espiritual en Jesucristo; combinado con la libertad para entrar en ese dominio al dejar atrás el miedo.

"En ocasiones se equivocarán, pero eso es parte del proceso de aprendizaje y crecimiento", dijo Ezequiel con una sonrisa.

Lo que usted busca, lo encuentra

Cuando usted busca al Padre con todo su corazón, lo va a encontrar. Va a encontrar Su dominio. Usted va a encontrar lo que busca. Si busca oscuridad, obtendrá oscuridad. Si busca luz, obtendrá luz.

"¿Ven la utilidad de su fe aquí?" Preguntó Ezequiel. "Mira hacia adelante desde tu espíritu. Busca el Reino de la Luz. El punto de acceso siempre es Jesús. Por lo tanto, el punto de acceso suele ser la alabanza y, a medida que alabas, tu espíritu se adelanta, tu alma retrocede y puedes utilizar mejor tu discernimiento espiritual", continuó.

Algunos tienen la capacidad de ver, al parecer con su vista natural, con sus ojos físicos. Usan sus ojos naturales para ver ángeles o para ver en el dominio espiritual, pero ven con ambas vistas, la espiritual y la natural. Su vista espiritual está conectada en algún nivel a su vista natural. Sin embargo, cuando una persona se está muriendo, puede percibir las realidades espirituales más fácilmente, porque los otros sentidos ya se están apagando. Como los otros sentidos se están apagando antes de la muerte, la vista espiritual de uno aumenta a menudo.

Usted discierne a través de su sensor, su conocedor. Ha discernido numerosos ángeles, ángeles individuales como también, grupos de ángeles en ocasiones. Puede que no se parezcan a las imágenes de las revistas Guidepost o Angels, pero las ha visto.

Cuando un ángel quiera darse a conocer, se *dará* a conocer. Algunos ángeles están presentes con usted a veces, pero ellos se esconden intencionalmente de su discernidor o conocedor por una variedad de razones. Sin embargo, algunos ángeles necesitan que se reconozca su presencia. Están presentes y necesitan su comprensión y su compromiso con ellos.

"¿Es eso como colaborar?" Preguntó Donna.

Ezequiel respondió afirmativamente y continuó explicando que es una forma de colaborar. Mientras Ezequiel hablaba, le recordó a Donna un ejemplo de esto que ocurrió unos días antes cuando estaba en una llamada de Zoom con varios amigos. Mientras oraba y desataba los bonos celestiales en una situación y cortaba los lazos impíos, un ángel enorme se le presentó a Donna. Ese ángel la necesitaba para discernir su presencia, para que este grupo de oración pudiera liberar al ángel para que hiciera su trabajo, y eso fue exactamente lo que hicieron.

De hecho, cuando ese ángel intervino, Donna le preguntó al ángel: "¿Qué tengo que hacer?" Él le dio instrucciones para que lo pusiera en libertad para hacer su trabajo, y ella supo cuando el ángel se fue.

El Poder del Deseo

"¿Todos pueden trabajar en eso?" Queríamos saber.

Todo el mundo puede, hasta cierto punto, según su deseo. A veces a esto se le llama hambre de hacerlo, basado en su curiosidad y despertar a los dominios del espíritu. Tarde o temprano, van a tener hambre y sed de la actividad de trabajar con los ángeles, porque este es el diseño del Padre: que el dominio del espíritu y ángeles pueda trabajar con el dominio de la tierra y de los hijos de Dios. Hay muchos más ángeles trabajando en el dominio de la tierra de los que son percibidos o discernidos.

"¿Hay alguna forma en que podamos ayudar a impulsar este despertar en la gente?" Preguntamos.

Ezequiel respondió: "Enséñenle a la gente que sus ángeles les escuchan más de lo que ellos se dan cuenta." A menudo se asignan ángeles para ayudar al creciente despertar del santo. Es probable que su ángel haya estado trabajando para ayudarlo a despertar a su presencia. Si pidió que lo despertaran a su presencia, fue su ángel quien facilitó su deseo de pedir que lo despertaran.

Encontrar el miedo

Para ayudar a las personas a trabajar con su (s) ángel (es), comience por hacer que revisen su comprensión de los ángeles y comience a realizarles preguntas sobre lo que temen. El miedo, en cualquier dimensión, ya sea en pensamientos, creencias del corazón, experiencias de juventud o presencias dimensionales de las que no conocían la fuente, puede resultar en que el miedo sea aceptado, incluso si no es intencional.

¿Dónde tiene un miedo personal al ver ángeles? Puede ser muy sutil. ¡Es posible que el enemigo le haya engañado para que piense que podría ver un demonio en su lugar! Tenga la seguridad de que si le ha pedido al Padre que ver a su ángel, Él estará encantado de responderle y facilitarle eso.

Una vez que haya identificado cualquier temor asociado con ver ángeles o ver en el dominio del Espíritu, someta el temor al Padre para que lo limpie y purifique. Luego solicite al Padre un nuevo fluir, una nueva mentalidad y un ángel que venga a enseñarle y despertarle.

Estos ángeles despertarán y enseñarán a cualquiera que busque y desee, pero a menudo es la presencia del miedo en cualquier nivel lo que obstaculiza la conciencia de los ángeles.

El miedo puede aparecer como una cosa dimensional, no necesariamente un demonio o un principado, sino como la creencia que es algo que parece insuperable. Los demonios a menudo le pondrán en un momento de trauma o un momento de susto. Usarán una táctica de miedo para hacer que el alma de usted se alinee con el miedo, como un acuerdo de que nunca más querrá volver a hacer eso. Ese es uno de los obstáculos más grandes y está en su alma. Tal vez fue una película de terror que provocó la ocasión en la que entró el miedo. Arrepiéntase por exponerse a esa película y pídale perdón al Padre. Luego pídale que restaure todo lo que le fue robado, debido a su entrega al miedo.

Cuanto más se adentre en su espíritu y cuanto más viva desde su espíritu, más natural se volverá el conversar y relacionarse con ángeles. Esto no puede llevarse a cabo desde su alma, conversar con los ángeles, sentir su presencia y armonizar con sus frecuencias. Su alma no tiene la capacidad de comprender la frecuencia de los ángeles. Usted debe vivir desde su espíritu para comprender y estar en esa frecuencia espiritual y dimensional para sintonizar con su ángel. Por eso, las Escrituras dicen adorar en espíritu y en verdad. La frecuencia de participar con su ángel opera a través de la verdad, no del engaño, y opera dentro del área del espíritu, y no del alma.

La adoración abre portales

La adoración abre portales donde los ángeles vienen con frecuencia. Les encanta estar cerca de la adoración porque no pueden esperar para adorar. La frecuencia para esto se llama enfoque; es donde un santo se enfoca para adorar a Jesús o adorar al Padre. El alma retiene el deseo y el pensamiento natural comienza a adorar, pero mientras lo hace, debe insistir en su espíritu y permitir que su espíritu se libere. Ese cambio es como una transformación. Entonces, cuando usted está *en espíritu* y adora, su discernimiento aumenta y es entonces cuando conocerá la presencia de los ángeles. Ya que los ángeles operan en la frecuencia, cuando es la correcta (por ejemplo, como en la música de mi esposa Adina[13]) usted está siendo liberado, y su espíritu está de acuerdo con esa frecuencia, su discernimiento o conciencia armoniza con los ángeles que han venido.

Donna tenía otra pregunta para Ezequiel. "Cuando no se tiene miedo, pero se reconoce la necesidad de hablar con su ángel, ¿puedes describir la forma en que funciona y como es cuando se hace mal y cuando se hace bien?".

---

[13] La música de Adina Horner está disponible en www.adinasmelodies.com.

Cuando lo hace mal, usted actúa como un niño que hace un berrinche cuando quiere un juguete que su padre ha guardado. Quiere algo de inmediato. Por ejemplo, ve algo que es injusto, o tiene un momento de pánico, y en ese momento está operando desde su alma y grita por lo que necesita. Actuar con esa frecuencia del alma no le ayuda en absoluto. No logra nada, pero a veces las personas actúan desde ese lado de sí mismas. Ahí es donde necesita calmar su alma, presionar a su espíritu y llamarlo hacia adelante.

Pasando de Alma al Espíritu

Desde el espíritu, un creyente espiritual primero armoniza con el Espíritu Santo para saber qué hacer. Es la práctica de moverse del alma al espíritu lo que acelera a su espíritu para ser más rápido, más frecuente y más fácil a las conversaciones colaboradoras, así como al trabajo con los ángeles de manera más regular. Siempre es mejor moverse desde el espíritu que desde el alma. Esta es la señal de madurez para un hijo de Dios.

"El reconocimiento de la bondad del Padre, el aprecio, el agradecimiento, la intención y el deseo les ayudan a adentrarse en su espíritu", explicó Ezequiel. "Está relacionado con la frecuencia. Es más difícil adentrarse en su espíritu cuando la frecuencia en su atmósfera está saturada con el dominio natural."

Donna explicó que Ezequiel estaba dando un ejemplo de cuando habla con alguien que está hablando desde su cerebro lógico y está analizando hechos; ella prefiere buscar la respuesta desde el espíritu, pero a veces se siente bloqueada. La razón del bloqueo es porque su amiga había hecho un acuerdo para estar solo en el alma. Hacerlo afecta la frecuencia de la atmósfera, lo que hace que una persona que quiere ser espiritual, que quiere adentrarse en su espíritu o quiere operar desde su espíritu, tenga dificultades para hacerlo. Es más difícil, aunque no imposible. Continuó explicando que, a menudo, debe alejarse de ese entorno y cambiar la atmósfera en la que se encuentra. A Donna le gusta escuchar la música de Adina, y ella tiene un difusor de aromatizante, porque a veces se tiene que cambiar el olor de la atmósfera. De eso trata ir a un "lugar secreto", en su armario.

Muchos intercesores se están volviendo excepcionalmente buenos en esto y aprecian el armario como lugar secreto y la facilidad para la oración y la adoración que encuentran en ese lugar porque es similar a un portal o a un camino al cielo.

——— · ———

Capítulo 6
Cómo trabajar con su ángel
Parte 2

A medida que continuamos aprendiendo cómo trabajar con su ángel, recibimos más conocimientos para habilitar y fortalecer mejor ese trabajo.

El Poder del Acuerdo

El trabajar en el reino espiritual pertenece al nivel de acuerdo de uno para permitir que su espíritu se relacione con el Espíritu Santo. Si el miedo está presente, uno no puede trabajar en el reino espiritual de manera efectiva porque el miedo lo limitará. Su acuerdo proviene de su espíritu, que debe hablarle a su alma y decir: "No, vamos a hacer esto." El alma retrocederá y, con la práctica, usted podrá atravesar el velo. Cuando está operando desde su espíritu, armoniza frecuencias con su ángel. Su ángel sabe inmediatamente cuando está haciendo eso.

Cada persona debe aprender cuál es su punto de inicio para trabajar con el cielo y el dominio del espíritu. Parece ser algo exclusivo de la persona. Ese es el punto de buscar; buscar lo que funciona para usted es una señal de hambre y madurez como santo.

*Busque siempre
lo que funcione para usted.*

Cuando las personas estén junto a usted, cree la atmósfera mediante la apertura de un portal a través de una frecuencia de sonido[14] y al invitar a los ángeles, facilita que las personas experimenten el Cielo. Crear la atmósfera mediante la búsqueda de la frecuencia del Cielo e invitar a los ángeles a acercarse creará un fácil acceso al Cielo.

Pruebe lo que funciona mejor para usted para trabajar con el Cielo y el dominio del espíritu.

La postura y el sonido

Para algunos, lo que funciona para interactuar con el Cielo y el dominio del espíritu es una postura física y espiritual específica. Para otros, una postura física para entrar en los dominios del Cielo los bloquea. Para algunas personas, es el sonido. Para otras incluso, es el conocimiento de cómo sería ser enseñado por ángeles: el

---

[14] Adoración ungida / música de preparación.

conocimiento que ellos tienen alma y espíritu y *que pueden ser lo que el Padre creó y cómo los creó con la capacidad de ser espiritual.*

Muchos están cautivos por la formación religiosa que les ha cerrado la puerta a su lado espiritual, principalmente debido al miedo. Se ha enseñado mucho sobre el miedo desde los púlpitos. El enemigo ha tenido un apogeo con esto porque cualquiera que haya aprendido a temer será miedoso, y cuando usted busca el miedo, eso es lo que obtiene.

Cualquiera que haya aprendido a temer será miedoso.

No trabaje con miedo

Una de mis instrucciones relacionadas con el Cielo acá abajo es enseñar a las personas a no buscar el miedo. Debe comprender que **no puede estar en un acuerdo con el miedo y buscar el Reino de la Luz al mismo tiempo.** Eso *no* funcionará. Su alma prevalecerá sobre su espíritu debido a ese sistema de creencias.

Cuando le enseño a la gente cómo entrar al Cielo, les digo que la basura (lo demoníaco) no está invitado a la fiesta. Como no está invitado, nunca he tenido que lidiar con ninguno. La razón es que tengo mi enfoque apuntando hacia el Cielo, no hacia el área sobrenatural en general. Para usted, estará determinado por el lugar al que apunte su enfoque. Permítame que le recuerde que debe hacer una comprobación interna, ¿a donde está dirigiendo su enfoque?

La gente a menudo no se da cuenta de dónde está su enfoque. No se dan cuenta que tienen la habilidad innata del Padre para elegir enfocar su atención hacia el miedo o hacia la fe, hacia la oscuridad o hacia la luz. A la mayoría de las personas no se les ha enseñado a enfocarse intencionalmente.

Creencias del linaje

Ezequiel continuó explicando que otra cosa en el trabajo que debe tratarse son las creencias del linaje. Dio algunos ejemplos para ayudarnos a comprender.

La Burla

Una cosa que disminuye la capacidad de relacionarse con ángeles en un linaje es la burla. Esto puede manifestarse como burla al Espíritu Santo, burla al Reino, burla a los dominios del espíritu, burla de las bendiciones de Dios o burla de los nombres de Dios; en resumen, la burla en casi cualquier forma crea un bloqueo u obstáculo. Algunos pueden no saber que esto existe como una iniquidad en su linaje. La burla multigeneracional es ciertamente un patrón inicuo en muchas familias. Si lo reconoce en su familia, debe arrepentirse.

¿Cómo sé si está en mi vida? Pregúntese: "¿Me he burlado alguna vez de Benny Hinn, Oral Roberts o Kathryn Kuhlman? ¿Me he burlado del difunto D. James

Kennedy, Billy Graham, Franklin Graham u otros evangelistas o ministros? ¿Es la burla de lo sobrenatural un tema habitual en mi línea familiar? Si veo que se produce una sanidad, ¿me burlo o dudo de su validez? Si la respuesta a alguna de estas preguntas es sí, tiene una iniquidad en su linaje: la burla. Cada vez que me burlo, me coloco en una posición de juicio sobre la validez de algo. Ya que usted y yo podemos hacer un mal trabajo al juzgar correctamente, debemos dejar eso al Padre, el Juez Justo.

La Iglesia desde su inicio, ha burlado el lado espiritual de las cosas. El adversario ha promovido la idea de que los asuntos espirituales son cuentos de hadas, raros o simplemente sin sentido, y ha fomentado esta burla.

Usted debe arrepentirse por estar de acuerdo con el espíritu de burla y por cualquier burla en su propia vida, ya sea consciente o inconscientemente. También debe arrepentirse por tener la actitud de "Voy a mirar esto, pero podría burlarme de ello", que es una forma de juicio, o "Me voy a reservar el derecho de burlarme de esto." La Iglesia, en sus inicios, hizo bastante eso. Por lo tanto, está en muchos linajes.

La mayoría de los que leen este libro probablemente pertenezcan al campo "carismático". Quizás, antes de abrazar esta forma de creencia, es posible que se haya burlado de esos "santos arrodillados", o "habladores de lenguas" o "místicos". Si es así, el arrepentimiento debe ser su prioridad.

Como en cualquier limpieza de linaje generacional, buscamos la sangre de Jesús para limpiar el linaje mediante la purificación de la burla. Debemos tratar con esto porque existe un espíritu de burla que busca corromper los linajes y evitar que experimenten el área sobrenatural. Necesitamos arrepentirnos de las burlas y perdonar, bendecir y liberar a quienes lo introdujeron en la línea familiar, y hacer lo mismo por todos los que lo perpetuaron a lo largo de las generaciones. También debemos arrepentirnos de nuestra propia burla. Después de hacer esto, pedimos una limpieza de todo el impacto y ramificaciones de la burla, y desatamos bendiciones sobre aquellos que fueron burlados. Solicite la restauración de su capacidad para trabajar con el Cielo, que se ha visto afectada por la burla en su linaje.

Miedo

El miedo, del que ya hemos hablado, también puede ser una iniquidad generacional. Si usted lo reconoce, arrepiéntase y pídale a la sangre de Jesús que lo limpie a usted y a su linaje. Debe lidiar con el miedo en su linaje, así como con la burla. Así como la burla generacional requiere arrepentimiento, también debe solicitar ser sensible para no estar de acuerdo con la burlar o tener miedo en el futuro.

Apagar la sensibilidad espiritual

Muchos padres necesitan arrepentirse cuando han apagado o cerrado los conocimientos espirituales (o la sensibilidad) de los niños pequeños. A menudo, esto se demuestra en el crecimiento imaginativo de su hijo o cuando el niño ha tenido una relación con la imaginación que está vinculada al Espíritu Santo (y no a un mal o a un espíritu demoníaco). Los niños pequeños son muy espirituales. Son increíblemente abiertos al mundo espiritual, como una pequeña puerta abierta. A menudo no tienen miedo preconcebido. La mayoría de los miedos son inculcados por los padres. Las descripciones de los padres del "hombre del saco" y cosas similares a menudo infunden un miedo innecesario en sus hijos. Los padres a menudo ponen una línea de límite en la imaginación de sus hijos y en el dominio espiritual en lo que respecta a ellos. Usted también debe arrepentirse por su linaje porque es posible que sus padres le hayan hecho esto. Es posible que le hayan enseñado a tener miedo de los ángeles y de otras apariciones.

Esto no quiere decir que un padre apagaría intencionalmente esto en un niño. Se debe más a menudo, a que el padre no tiene una red para las operaciones del espíritu en su propia vida, mucho menos en la vida de su hijo. O que el padre no quiere lidiar con eso porque *le* tiene miedo, por lo que a veces lo apaga en el niño sin siquiera saberlo.

Algunos cierran el uso de la imaginación por razones culturales. Quieren que su hijo sea "normal". Un niño con una imaginación activa y que habla con los ángeles puede considerarse extraño y anormal. Es el temor de los padres al hombre que lo les hace cerrar la imaginación en el niño. Generaciones han sido capturadas por fronteras falsas debido a que los padres hacen esto.

El antídoto para eso es que los padres aprendan a confiar en Dios. Los padres deben aprender a confiar en la bondad del Padre. La confianza de un padre y el posterior desacuerdo con la creencia que esto es algo para temer es vital. Cuando la humanidad comience a comprender que esta sensibilidad de los niños a las cosas espirituales es un camino hacia el Padre desde una edad muy temprana, cambiará nuestra comprensión de todo, desde la evangelización hasta la salvación, pasando por el obrar desde el espíritu primero y el alma en segundo lugar.

---

*Imagínese una generación
sin miedo en su espíritu.*

Esto es posible en nuestra época. Esto es de lo que nuestro enemigo tiene más miedo y quiere cerrar.

Active el Fluir Puro del Espíritu

Debe activarse el fluir puro del espíritu con el que uno nace. Algunas personas enseñan que cuando usted nace, su espíritu no está despierto; pero tu espíritu **sí está** despierto y lo ha estado desde el momento de la concepción. Simplemente no está activado, considerado, utilizado o abordado.

Aprenda a adentrarse en el Cielo de forma regular. La gente *necesita* entrar al Cielo. Es una buena práctica y es necesario recordarle a la gente lo ocupado que está el Cielo. Necesita recordarles que el nivel de actividad del

Cielo es instantáneo. El Cielo siempre quiere relacionarse con ellos, comunicarse, hablar y ayudarlos en el ámbito tridimensional.

Muchos más seres espirituales de los que conocemos quieren participar. El Cielo tiene disponibilidad ilimitada y deseos de comunicarse con usted, así que tenga una expectativa para cuando entre en los dominios celestiales. Espere recibir *del* Cielo y espere comunicarse *con el* Cielo.

Necesita experimentar las flores, los árboles y los seres sensibles en el Cielo. Una vez que ha entrado en el Cielo, ha atravesado el velo. Esta es la razón por la que Jesús rasgó el velo del Templo: para crear un acceso directo a la presencia de Dios. El velo del Templo bloqueó el acceso al Arca de la Alianza a todos menos unos pocos individuos a lo largo de la historia. Una vez que Jesús entregó su espíritu, el velo del Templo se rasgó de arriba a abajo.[15]

Por lo tanto, la religión nunca lo iba a cortar. El Cielo siempre ha tenido que ver con relación y realidad; y esa es una palabra dimensional.

Expectativa ilimitada

"¿Recuerdas cuando reconociste un día que veías un límite en tu vida en el que pensabas que solo podías llamar al Padre y te preguntabas por qué no habías estado llamando a Jesús también? Luego, después de un período de tiempo, llegaste a comprender sobre el Espíritu Santo y

---

[15] Mateo 27:51, Marcos 15:38, Lucas 23:45

luego te preguntaste por qué nunca habías llamado al Espíritu Santo. Se te reveló que no te habías comunicado con la Deidad: la Trinidad", le preguntó Ezequiel a Donna.

Él respondió a su propia pregunta diciendo: "Es porque se te enseñó la expectativa que te limitaba, que el Padre no estaba interesado ni siquiera en hablar contigo, sino sólo en que tú le hablaras a Él. Eso proviene de la mentalidad que la gente aprendió desde el principio. Es necesario volver a enseñar, es necesaria la práctica de acceder al Cielo y la participación de los ángeles. El miedo es simplemente el gran obstáculo."

Active sus ojos espirituales

Muchas personas están tratando de interactuar con su ángel usando su ojo físico en lugar de concentrarse en su vista espiritual.

A menudo, las personas intentan ver algo como una película en 3-D con sus ojos físicos. No es que ver espiritualmente sea tan diferente, pero *es* un par de ojos diferentes que se usa para ver en el dominio espiritual. Es el espíritu de los ojos, en lugar del cuerpo de los ojos.

Cuando se trata de ver en el espíritu, a veces solo ve como un boceto, especialmente cuando usted está recién comenzando, y simplemente no ve mucho. Sin embargo, debe seguir mirando.

¡Cuanto más mire, más verá!

Cuanto más se concentre y cuanto más disminuya la velocidad de la intención de ver, más detalles verá. Ver y oír trabajan en conjunto. Esa es otra cosa que la gente no comprende.

> *Algunos necesitan saber que*
> *su audición puede activar su vista*
> *y algunos necesitan entender que*
> *su vista puede activar su audición.*

¿Por qué usted usaría un solo sentido cuando está diseñado para usarlos todos? Incluso se puede despertar la mente de las personas diciendo, "Use su sentido del olfato espiritual". Es un sentido. Todo funciona en conjunto. Al igual que con su cuerpo físico, todos sus sentidos naturales trabajan juntos. La mayoría de los sentidos naturales de las personas trabajan en conjunto más de lo que conocen para interpretar el dominio físico. Es lo mismo, solo que está usando todos sus sentidos espirituales para interpretar el dominio del espíritu.

Hemos hablado de su vista y oído, pero ¿alguna vez sintió calor en sus manos cuando puso las manos sobre alguien? Si es así, esa fue una manifestación del Cielo a través del toque físico.

¿Alguna vez ha olido una fragancia maravillosa que no tenía una fuente natural? Estaba experimentando el Cielo manifestándose a través del olfato.

Sí, incluso puede saborear para discernir. Por ejemplo, ¿alguna vez cuando compartió la Comunión, el vino o el jugo que consumía parecía bastante diferente de lo que sabía que era naturalmente? Ese pudo haber sido el Cielo infundiendo su tiempo de Comunión con un evento sobrenatural.

Ezequiel, el profeta del Antiguo Testamento, tuvo encuentros visionarios multisensoriales. Podía ver, oír, tocar y oler los elementos en las visiones que experimentó. ¡Usted puede experimentar el mismo tipo de cosas! ¡Espérelo!

Ésta es un área de discusión muy poco común. Hay enseñanza y hay discusión, dos cosas diferentes. La enseñanza es buena, pero luego es necesario conversar. Usted debe tener tiempo para preguntas. Usted también tiene que tener tiempo para procesar la información. Ahí es donde usted está. Todo esto parece provenir de donde está enfocado.

Donna recordó una época en la que le enseñaron sobre el olfato espiritual y pasó por un período en el que se centró en lo que olía en el espíritu. Como estaba concentrada en el sentido del olfato, podía oler más.

Cuando toma un par de binoculares, lo hace con la intención de enfocar algo lejano que no puede ver bien sin ayuda. Póngase sus binoculares espirituales para mirar y concentrarse.

¿Alguna vez ha mirado a través de binoculares y ha descubierto que no están enfocados en lo que está buscando o no lo ha encontrado a la vista? Todo está borroso y no está seguro de dónde o qué tan lejos está el objeto. Debe concentrarse durante un minuto para encontrar el objeto que está buscando. Esto es notablemente parecido a lo que sugerimos para lograr el enfoque espiritual.

Donna y yo seguimos el mismo procedimiento al acceder al Complejo Empresarial. Cuando entramos en los dominios celestiales, buscamos el Centro de Ayuda. Podemos ver las cosas que buscamos porque estamos enfocados en encontrarlas.

Donna continuó describiendo cómo creció en esta habilidad: "Me adentré en la búsqueda y permití que se presentara." Como ella permitió que se presentara, así fue.

"Cuando entras y quieres reunirte conmigo, ¿qué haces?" Preguntó Ezequiel.

"Entro, pregunto por ti. Espero, luego me concentro en mirar. Miro a mí alrededor. Puedo preguntar: "¿Dónde estás?" Hasta que te veo. Hoy te vi venir por la esquina hacia el vestíbulo porque te estaba buscando", comentó Donna.

"Eso es deseo. Eso es buscar. Eso es esperar", respondió Ezequiel.

"¿Recuerdas cuando el Padre te habló del Sueño del Algodón de azúcar?" Ezequiel le preguntó a Donna.

"Sí", respondió, y luego comenzó a contar la historia del Sueño de Algodón de Azúcar que usa para enseñar a la gente cómo entrar en los dominios espirituales. Uno de los matices del sueño era sobre cómo ser un niño. Debes ser un niño en presencia de una completa aceptación, bondad y amor incondicional, donde todo era bueno y no existía nada negativo. Así creen los niños pequeños. Eso es con lo que vienen los niños pequeños al reino de la tierra. Sin embargo, con el tiempo pierden esa capacidad.

Un día, el Señor le dijo a Donna: "Quiero hablarte sobre el sueño del algodón de azúcar." Donna no sabía lo que estaba hablando, por lo que en el transcurso de cuatro o cinco días, Él le dio una comprensión de lo que bloquea la visión en el dominio celestial. En el dominio natural a menudo experimentamos una incapacidad para obrar como niños fácilmente.

Dijo: "Piensa en el producto que llamas algodón de azúcar. El algodón de azúcar es algo que solo se obtiene en ciertos lugares, pero cada vez que lo obtienes, o cada vez que un niño lo obtiene, es en un ambiente divertido. Lo obtienes en un parque, festival, feria, carnaval o estadio de béisbol. No hay nada bueno nutricionalmente en el algodón de azúcar. No hay una pizca de vitaminas o minerales, solo calorías y mucho colorante alimentario. Imagina que un niño pequeño ve este algodón de azúcar rosa y dice: "Oh, quiero eso" Se ve tan rico. Parece como si fuera algo maravilloso. Es inusual. Es emocionante porque es especial, pero el padre siempre dice que no."

Continuó: "Entonces, un día el padre dice "sí" y el niño no puede creer que finalmente tenga acceso a ese algodón de azúcar."

El Padre preguntó: "¿Por qué los padres dirían que sí?"

Donna explicó, "Yo no sé por qué los padres dirían que sí, si no hay nada bueno en el algodón de azúcar".

Él dijo: "Solo porque era la esperanza y el sueño del niño."

Son los sueños lo que los adultos pierden. Eso es lo que apaga la creatividad y la visión del futuro en el dominio natural.

Imagina que usted es el niño que quiere el algodón de azúcar y su padre le dice que sí. Puede tener tanto algodón de azúcar como quiera. Además de eso, imagina que este algodón de azúcar no tiene componentes negativos. Es solo algodón de azúcar y puede tener tanto como quiera. Eso podría desbloquear algo en un adulto que ha perdido la capacidad de pensar así. La expectativa de recibir bondad se ha cerrado.

Juzga su respuesta incluso antes de haber soñado su sueño.

Donna compartió esta historia con una mujer que sobrevivió al cáncer de seno. Ella es Coleen, la esposa de James Nesbitt (el artista profético). Aparentemente, compartir el Sueño de Algodón de Azúcar realmente la conmovió, porque al día siguiente James le envió a Donna un gráfico[16] y dijo: "Necesitas usar este gráfico cuando hables de eso porque fue significativo para Coleen. No se dio cuenta que había dejado de ver en su vida".

El Padre le indicó a Donna que usara ese sueño para ayudar a las personas a comprender cómo entrar en el dominio espiritual. Esto brinda la libertad de *ser como un niño* y no preocuparse por nada, pero con esta maravillosa habilidad de tener algodón de azúcar sin componentes negativos.

---

[16] Más bellas obras de arte disponibles en www.jamesnesbit.com.

Esta historia podría ser la clave para ayudar a las personas a darse cuenta de sus límites o parámetros puestos por ellos mismos, donde ven las defensas que erigieron y dijeron: "Nunca cruzaré eso". Muchas personas han puesto vallas que incluso ellos no se dieron cuenta que tenían hasta que escuchan una historia como la de "El sueño de algodón de azúcar", y se dan cuenta que se han limitado. Esto podría ayudarlos a ver estas vallas y derribarlas. Si usted se da cuenta de tiene una valla, haga un acto profético de empujar esa valla y camine hacia el siguiente lugar.

Ezequiel explicó que existe hambre por esto. La gente quiere romper sus propias barreras. Parte de eso se debe a que es una función de la comprensión que, "Es la hora para esto. Es hora de que la Novia entre en esto. Es hora de que ella se dé a conocer por esto. Es hora de que ella sea valiente al respecto y es hora de que caigan los muros de la religión."

Ayudando a su Ángel

El hecho que usted tenga un ángel no significa que su ángel siempre tenga todo lo que necesita para trabajar en su nombre. Los ángeles tienen necesidades, y usted puede aprender a ser sensible a esas necesidades, para ayudar a mantenerlo funcionando a su máxima capacidad.

Cómo armarlos

De manera muy regular, le pediremos a nuestro ángel que se acerque y le preguntamos si necesita algo. A veces nos hace saber que está bien, mientras que en otras ocasiones tendrá solicitudes específicas para nosotros. Cuando los ángeles tienen necesidades que surgen del servicio que nos brindan, debemos hacer las peticiones del Padre a nombre de ellos. No pueden hacerlo ellos mismos. Los ángeles no son hijos e hijas del Altísimo, por lo que no tienen el mismo valor que cuando nosotros hacemos las peticiones. Esto asegura una colaboración entre los humanos y el dominio angelical.

Por ejemplo, Ezequiel, en ocasiones, ha solicitado más flechas, por lo que le pedimos al Padre flechas para Ezequiel, el ángel del Ministerio Internacional LifeSpring, y sus filas. (Tiene a su cargo otros ángeles que lo asisten). Es tan simple como eso. Algunas de las cosas que nos han pedido que solicitemos son las siguientes:

- Flechas
- Arco y flechas
- Arcos rápidos
- Ballesta
- Flechas ardientes
- Dardos ardientes
- Rocas ardientes
- Bolas de fuego
- Piedritas de fuego: entran en las grietas donde se esconde la oscuridad y la ilumina.

- Explosivos en bolsas
- Hondas (también conocidas como Exterminadores de Goliat)
- Hachas
- Martillos
- Lanzas
- Espadas cortas
- Espadas pequeñas
- Sables: espadas grandes y curvas
- Espadas
- Escudos
- Cuerdas
- Lazos
- Instrumentos para atar
- Cadenas
- Humo
- Cortinas de humo: proporciona escondite en una situación de batalla.
- Flagelo – bola con púas conectadas por una cadena a un mango de madera. Se usa para atrapar el escudo de un enemigo.
- Armas para el combate cuerpo a cuerpo
- Nueva armadura
- Reloj de arena
- Dispositivos temporizados
- Objeto incendiario
- Refuerzos: a veces necesitan más ángeles para ayudarles en su trabajo, particularmente cuando están en batalla.

- Más potencia de fuego: a veces se necesita más armamento, pero no necesariamente más ángeles.
- Bomba de frecuencias
- Redes: útiles para la captura de entidades extremadamente pequeñas.
- Redes para pájaros
- Redes para Caos: detiene el caos en un área
- Arpones
- Ariete
- Pergaminos
- Mapas
- Mapa de la nueva temporada
- Mapas astrales
- Mapas subterráneos
- Barras
- Deshacedor – un arma de frecuencia, particularmente para frecuencias inducidas por brujería en personas, tiempo y lugares. Permite a los ángeles cerrar portales
- Expansión de rangos
- Trampas explosivas: dispositivos incendiarios que explotarán o capturarán a un enemigo por sorpresa.
- Tranquilizantes – permite la tranquilidad de atmósferas en las que abunda el conflicto.
- Elixir de Ángel (o Elixir Tónico) – como una bebida energética para ángeles. Los refresca e ilumina.
- Pan de Ángel

- Alimento para Ángel – se traduce en compañerismo entre las filas angelicales.
- Permiso para perseguir a las bandas enemigas que han sido enviadas a saquear dominios.
- Ángeles Escribas[17]
- Dispositivos de audio

En la lista anterior, dimos una explicación tal y como la supimos y que consideramos útil. Se puede determinar el propósito de muchos de los elementos mencionados anteriormente, pero algunos elementos no los comprendemos en este momento.

Una de las mejores formas en que podemos ayudar a nuestros ángeles en su trabajo por nosotros es orar en el espíritu. Pablo dio pistas sobre el poder de orar en lenguas en 1 Corintios 14, donde enseñó sobre el tema. En el versículo 8, Pablo se refiere a una trompeta. Esa palabra parece fuera de lugar, pero fue un marcador que apunta a Números 10:9, donde la trompeta se describe como un medio de dirigir las tropas en la batalla. Uno de los propósitos de hablar en lenguas es dirigir tropas angelicales en la batalla.

Las lenguas también construyen un armazón para que la revelación permanezca, así que construya su armazón

---

[17] Los Ángeles Escribas son ángeles registradores que mantienen los registros de varias cosas.

grande. ¿Quiere un cobertizo de servicios públicos o un almacén? Hable en lenguas como corresponde.

Hablar en lenguas hace más de lo que usted se da cuenta, ya que sus ángeles escuchan sus palabras y fluyen con ellas en los espacios dimensionales que crea el hablar en lenguas. Es como si cuando hablamos en lenguas, se crearan caminos en el dominio espiritual para que nuestros ángeles los atraviesen para poder llegar a donde necesitan ir más rápido. Podría describirlo como un agujero de lombriz.

Hablar en lenguas capacita a los ángeles y es una forma de colaborar con ellos para ocuparse de los problemas que surgen. Pablo nos encargó además a no prohibir el hablar en lenguas,[18] que es un consejo sólido, considerando lo que acabamos de aprender.

El Cielo dice que pida al Padre mayor sabiduría para el uso de sus dispositivos de comunicación y tenga en cuenta que el espionaje e infiltración por medios engañosos forma parte del trabajo del enemigo.

Por lo tanto, orar en lenguas es muy importante. Orar con el lenguaje espiritual es una comunicación de código que el diablo a menudo no puede descifrar. Como Satanás no puede descifrarlo, porque es del Espíritu Santo, es importante que este tipo de lenguaje se hable regularmente en la atmósfera de usted, y cada vez que se le solicite por el Espíritu del Señor.

---

[18] 1 Corintios 14:39

Lo que debe comprender es que el Espíritu del Señor lo impulsará a hablar en lenguas antes de algo que aún no puede ver, y como medida de protección para lo que pueda encontrar. *Es un mapa de rutas para la solución, la resolución, y la introducción de la solución en el plano físico — dentro del reino físico.* La solución viene a través de la boca de usted.

Él habita en usted y a menudo Él necesita hablar, dirigiendo el dominio espiritual y lo que este contiene de formas misteriosas, mucho más grandes que su comprensión. Si usted no habla en lenguas, pídale al Señor este don.

Capítulo 7
Ángeles en cautiverio

Habíamos discutido algunos de los detalles cubiertos durante este encuentro en capítulos anteriores, pero no todas nuestras preguntas fueron respondidas. El Cielo tenía más información para nosotros.

¿Por qué los ángeles son capturados por dominios de oscuridad?

Los ángeles, como servidores de los llamados a ser herederos de la salvación, están al mandato de su ser humano incluso antes que una persona acepte a Jesús como Señor y Salvador. En ese momento de su vida (AC— Antes de Cristo) los ángeles se encuentran en una posición vulnerable. El humano puede comenzar a buscar caminos oscuros, conocimientos oscuros y seguir caminos oscuros. A medida que estos ángeles personales los acompañan, los trabajadores de la oscuridad pueden capturarlos, por lo que no pueden completar su tarea con la persona. Esto ha sucedido con más frecuencia de lo que la gente cree.

Si usted observara a algunas de las personas que conoce cuya vida es un caos absoluto, es probable que sea el resultado de:

    (1) los caminos oscuros que pudieron haber recorrido,

    (2) el hecho de que su ángel está en cautiverio y no puede ayudarlos como fueron diseñados para hacerlo.

Aprendí recientemente, mientras traía a la libertad a aquellos con esclavitud en sus generaciones, que a menudo, si la persona estaba en cautiverio por esclavitud, su ángel también estaba en cautiverio hasta cierto punto y también tenía que ser llevado a la libertad.

No todos los ángeles son guerreros

Muchos han enseñado que todos los ángeles luchan, pero eso no es necesariamente cierto. Algunos ángeles lo hacen, pero no todos. El Guardián y los Ángeles Personales están involucrados en la guerra como un guardián humano que trata de proteger al que está bajo su cuidado, pero no están equipados para un alto nivel de guerra. Las huestes angelicales que se especializan en la guerra pueden realizar esas tareas, pero por lo general necesitan ser invitados a participar.

Escuchando la Voz del Señor

Como ya usted conoce, y se ha hecho entender, los ángeles escuchan atentamente la voz del Señor.[19] Los creyentes portan la voz del Señor. Una forma de lograrlo es hablando en lenguas, porque entonces le está hablando directamente a Dios.[20] Los ángeles entienden lo que se ha dicho y prestan atención a las instrucciones dadas mientras se ora en el espíritu y en sintonía con el espíritu. Se le ha enseñado que cuando un creyente ora en lenguas, está dirigiendo el tráfico de los ángeles en la guerra. Gran parte de la guerra del enemigo ha sido contra las lenguas durante el último siglo e incluso más allá. El enemigo tuvo cierto éxito en apagar el don de lenguas de la vida del creyente y de la iglesia, pero ha regresado en los últimos años, y aquellos que abrazarán este don con audacia y franqueza, lograrán mucho a través de las palabras de sus bocas.

Grupos de Ataque

Cuando las fuerzas de la oscuridad perciben que el dominio de una persona es una amenaza, a menudo envían grupos de ataque al dominio para crear el caos. Es en momentos como estos que el Ángel Personal puede verse abrumado y sufrir la derrota a manos del grupo de ataque. Dado que la mayoría de las personas nunca han

---

[19] Salmo 103:20
[20] 1 Corintios 14:2

ordenado a sus ángeles a nada y no han equipado adecuadamente a su ángel, el ángel puede ser derrotado en estas situaciones. A menudo, el ángel es llevado cautivo o atado de alguna manera para que no pueda cumplir con sus deberes de manera efectiva.

Determinación del cautiverio y rescate de ángeles

Cuando el ángel de una persona está en cautiverio, la determinación de esto es simple. Pide que salga al frente el ángel o los ángeles. Si no han salido en cuestión de unos momentos y su espíritu no discierne que están involucrados en un conflicto y no pueden venir, simplemente pregunte al Espíritu Santo en ese momento si están en cautiverio. Si es así, solicite acceso a la Corte de Ángeles y solicite que se envíe un grupo de rescate para rescatarlos del cautiverio. Al orar por otra persona, es posible que se le solicite que se arrepienta en nombre de la persona por cualquier acción o palabra que contribuyó al cautiverio de su ángel. Una vez que se haya realizado la solicitud del grupo de rescate, puede solicitar que se envíe una copia de seguridad a la persona cuyo ángel está cautivo. Este respaldo vendrá de los ángeles del siguiente rango superior para que no ocurra falta de experiencia, de comprensión o de estrategia. Estos ángeles a menudo serán capaces de llenar lo que faltaba en la vida de la persona.

Una vez que los ángeles de respaldo sean entregados a la persona, comisiónelos para que tomen sus puestos para asegurar el dominio de la persona con la que está trabajando. Pregúnteles si necesitan algo para cumplir con sus deberes. Luego, pídale al Padre lo que le mencionen. Este trabajo conjunto crea una interacción en los dominios del Cielo y en la tierra entre las partes involucradas.

Una vez que el o los ángeles han sido rescatados, es probable que necesiten un tiempo de restauración, especialmente si han estado en cautiverio. Solicite un tiempo de restauración para ellos. Una vez concedido, él o ellos serán llevados a un lugar de recuperación. Periódicamente puede comprobar su estado de recuperación. El tiempo requerido para la restauración varía de un ángel a otro y según la cantidad de daño que han sufrido. Una vez que se considere que están lo suficientemente recuperados para volver al servicio, serán devueltos. En ese momento, es útil para el ser humano comisionarlos en sus puestos y que protejan su dominio, y también pedirle al Padre todo lo que puedan necesitar para cumplir con sus tareas.

Ángeles Sin Permiso

Debido a que los hombres no han entendido las funciones de los ángeles, muchos ángeles no han estado comprometidos con sus deberes terrenales. Al igual que los humanos a veces, se aburren con sus tareas (o la falta de ellas) y buscan cosas más emocionantes para hacer. En algunos casos, deambulan, y en otros casos, deambulan tan severamente que se ausentan sin permiso. Han abandonado su puesto. Cuando eso ocurre, el ángel sin permiso debe ser llevado a juicio en la Corte de Adjudicación de Huestes Angélicas por su incumplimiento del deber. Esta es una corte que se especializa en corregir el comportamiento incorrecto de los ángeles asignados a funciones. Así como su ejército terrenal probaría a un soldado con Abandono del Deber porque se ausentó sin permiso de su puesto, el Cielo funciona de manera similar.

La asignación de ángeles es un asunto serio para el Cielo y para el Padre. A veces, los ángeles solicitan un cambio de tarea debido a las frustraciones de trabajar con los humanos a los que han sido asignados. A veces esto se concede y otras veces no se concede. Corresponde a la Corte de Adjudicación determinar eso.

La expectativa de un Ángel Personal para manejar cada ataque contra los dominios de la vida de la persona es ingenua. Gran parte de la teología sobre las huestes angelicales está equivocada y se centra en las debilidades de algunos y no en la fuerza de todas las huestes angelicales. Como usted conoce sobre Clarence de la película *It's a Wonderful Life*, con James Stewart, su arrogancia creó un gran desastre para la estrella de la película. Las huestes angelicales del Cielo no son tan ineptas como se describió a Clarence en esa película. Otras películas y series de televisión también han representado a ángeles con luces poco amables e inexactas. Gran parte de la publicidad se orienta a mostrar a los ángeles como niños y que sólo están interesados en incidir en la vida romántica de uno. Nuevamente, todas estas son descripciones inexactas de estas poderosas huestes del Cielo.

Los Ángeles Guardianes y los Ángeles Personales no están generalmente equipados para situaciones fuertes de guerra; sin embargo, esto es simplemente porque tienen una función diferente a los Ángeles Guerreros. Hay casos en las Escrituras que describen las diferentes tareas de los ángeles como Ángeles Mensajeros, Ángeles Sanadores, Ángeles de Cosecha, Ángeles de Compañía y muchas especialidades más. Esas especialidades sirven a la humanidad también.

Esos ángeles designados a ser Ángeles de la Guarda se asignan para toda la duración de la existencia de la persona, no solamente para la existencia en la tierra. Los ángeles permanecen asignados al individuo durante toda la eternidad. Esto va mucho más allá de lo que los humanos han pensado durante mucho tiempo, pero sin embargo, la asignación de un ángel a un humano es una asignación a largo plazo. Estos ángeles tienen el anhelo de poder tener comunión y cooperar con su asignación humana de muchas formas, para ellos no es menos importante conversar con el ser humano todos los días.

Aprender a escuchar

Aparte de la voz del propio espíritu de uno, y la voz del Espíritu Santo, el Ángel Personal quiere ser la siguiente voz dominante en su vida.

La mayoría de los humanos, sin embargo, no conocen la voz de su propio espíritu. Pocos lo han entendido y pocos han enseñado cómo hacerlo, pero es una habilidad esencial para aprender. Es la voz que usted escucha cuando todos los demás ruidos se desvanecen.

Como el Espíritu Santo me dijo recientemente, "elegiste conversar conmigo hace un tiempo y tú y yo hemos estado conversando por algún tiempo ahora. Como notaste, fue tu intención de interactuar conmigo lo que permitió que ocurriera con facilidad. Una vez que hiciste la transición a los dominios del Cielo para interactuar conmigo, la conversación comenzó a fluir de inmediato. No tenías que "hacer algo especial", por así decirlo, para comenzar la conversación, simplemente comenzó. De la misma manera, tu Ángel Personal desea entablar una conversación contigo. Está ansioso por comenzar el intercambio contigo. Tiene mucho que puede compartir para ayudarte en tu viaje por la tierra. No necesitas hacerlo difícil para comenzar a cooperar. Haz una declaración con tu boca a tu ángel que deseas cooperar y comienza el trabajo." Una vez más, el Cielo lo hace fácil, la religión lo ha hecho difícil.

Ángeles en recuperación

Hace poco tiempo, trabajamos con Cielo para verificar el estado de Ezequiel, nuestro ángel del ministerio. Cuando apareció, estaba claro que había experimentado algunas batallas difíciles y necesitaba algo de tiempo de recuperación. Fuimos guiados a pedir que lo llevaran a un lugar de restauración y que se enviaran ángeles de respaldo para ocupar su lugar. Aunque no se podía percibir a Ezequiel, se podía percibir la presencia de otros dos ángeles. Estos eran los ángeles de respaldo de Ezequiel, y comenzaron a explicar que las cosas se estaban desarrollando y que iban a mejorar. Nos complace ser los respaldos de Ezequiel. Él ha estado en primera línea durante mucho tiempo y necesitaba este descanso. Se nos informó que Ezequiel se estaba recuperando rápidamente. (Cuando este ángel dijo descanso, esto no es un descanso como el que nosotros conocemos. Es uno completamente diferente. No tiene la misma connotación.)

De pronto, estábamos parados en la Corte de Ángeles hablando con el asistente al que solicitamos algunas cosas para los ángeles de respaldo, para Ezequiel el ángel del ministerio y para sus comandantes y sus filas.

Uno de los ángeles de respaldo se ocupaba de la reescritura de estrategia para las órdenes de los comandantes y de las filas para una mejor estrategia. El otro ángel comenzó a buscar en lo que parecía ser un vídeo. Él revisaba lugares en todo el mundo, bajo la tierra y fuera de la tierra. Lo que él estaba viendo parecía dimensional, sin embargo, él estaba buscando geográficamente, y estaba escaneando a través de la tierra. Estaba mirando y estaba pasando por todo tipo de cámaras disponibles y vídeos y los revisaba uno tras otro muy rápidamente.

Se detuvo en un lugar en Arabia Saudita indicando a una persona relacionada con el ministerio que necesitaba respaldo. Vio a uno en la Florida que necesitaba ayuda y vio a otro en uno de los estados del norte de los Estados Unidos: Michigan. Estas necesidades fueron notadas y atendidas mediante el envío de ayuda angelical a estas personas.

Uno de los ángeles comenzó a descubrir que algunas de las rutas comerciales estaban siendo atacadas. Este ataque estaba viniendo del enemigo. También se enviaron ángeles para tratar ese problema.

"¿Pueden decirnos si tienen una persona específica en este caso?" preguntamos. Confirmaron quién era y que se trataba de decisiones que estaba tomando la persona. La persona se enfrentaba a la opción de ampliar su compromiso con nosotros, y la oscuridad lo atacaba. Se nos instruyó que esa persona necesitaba más actividad angelical. Revelaron que estaban enviando a dos ángeles allí para proteger la puerta relacionada con esa ruta comercial.

Le preguntamos: "¿Pueden hablarnos más sobre el dominio de la puerta?"

En ese dominio hay bombardeos continuos. Nos llevaron a pensar en ese dominio como un puesto de avanzada, pero que no era tripulada sólidamente. Nosotros solicitamos un pequeño contingente de ángeles (cinco o seis) para lograr asegurar la puerta de ese dominio en Arabia Saudita.

"Yo escucho la palabra Sarasota y se siente vacía", explicó Donna.

El ángel explicó que la puerta de Sarasota no estaba actualizada. Había estado cambiando. Donna pudo ver un candado que estaba abierto en la puerta y el ángel simplemente cerró el candado bloqueándolo.

Estaba describiendo una puerta relacionada con Sarasota que anteriormente estaba abierta y simplemente necesitaba cerrarse, lo que hizo por nosotros.

Explicó que algunos de estos desafíos eran lo que él llamaba una interrupción dimensional del dominio del tiempo.

"¿Ezequiel tiene acceso a esta misma información que acaba de revisar?" preguntamos.

"Sí. Él tiene acceso a ella, pero cuando los ángeles se debilitan, su capacidad para ver todas las cosas necesarias disminuye, al igual que ocurre con los humanos", respondió el ángel.

Comenzó a explicar lo que pasó con Ezequiel. "Si tú tienes rangos y tienes a alguien de tu rango que ha sido retirado, eso no te rebaja a un rango menor, te mantienes en un rango mayor porque el ángel de rango más alto ya tiene el conocimiento. Ya pasó las pruebas para estar en el rango más alto. Explicó que él y el otro ángel son ángeles de mayor rango que habían seguido la orden de cubrir a Ezequiel. La razón por la que pueden hacerlo es porque son ángeles de mayor rango. Cuando me preguntaste si Ezequiel tenía acceso a esto, sí, él tiene acceso a esto y es su trabajo actual, pero al estar debilitado, no pudo realizarlo".

Cómo ayudar a su ángel

"¿Qué pudimos haber hecho nosotros que lo ayudó, hablar en lenguas?" preguntamos.

"Eso fue probablemente lo mejor que pudieron hacer. Hablar en lenguas hace más de lo que tú imaginas, como tus ángeles las escuchan, los hace fluir en espacios dimensionales que crea el hablar en lenguas", explicó.

Tratando de explicar lo que estaba viendo, Donna describió: "Parece que cuando hablamos en lenguas, se crean agujeros de lombrices por los que los ángeles pueden atravesar cada vez más rápido para llegar a los lugares que necesitan".

Las lenguas sirven también como una manera de ordenar los ángeles al dirigir el tráfico, por así decirlo. Es un sonido de trompeta que Pablo mencionó en 1 Corintios 14:8 refiriéndose a Números 10:9, donde se usaban trompetas para dirigir los ejércitos en la batalla. El uso que Pablo hizo de la palabra trompeta en 1 Corintios fue un indicador.

El hablar en lenguas también es un habilitador, un directorio y una asistencia. Es una co-asociación. No podemos permitirnos el lujo de descuidarlo. Siempre logra más de lo que sabemos.

———·———

Capítulo 8
Ángeles y Relaciones

El Cielo utiliza todo tipo de imágenes para explicarnos las cosas. Esta vez, la imagen era de un Rolodex, un elemento popular para almacenar nombres y direcciones en el pasado. Ahora, nuestros teléfonos celulares sirven para ese propósito, pero el Cielo usó la imagen, explicando que este Rolodex representa relaciones con el ministerio.

El Cielo explicó que tenemos relaciones que deben desaparecer y relaciones que deben solidificarse a partir del comercio celestial. Algunas relaciones deben protegerse y otras deben construirse.

Negociamos desde el Cielo con el Padre *para el beneficio y desde el beneficio de relaciones benéficas,* una red formal que se fortalece. Las relaciones son cosas con las que los ángeles ayudan y, por eso, simplemente necesitamos pedirle a Ezequiel que nos ayude.

Ezequiel comenzó a explicar: "Soy un organizador de relaciones. Tengo acceso a este Rolodex. Sé lo que está pendiente para eliminarse, lo que se debe quedar y lo que se debe enriquecer para que el ministerio lleve a cabo el propósito del Padre como un embajador del reino. Puedo hacer algunas reorganizaciones en tu nombre y, mientras llevo a cabo este cargo en segundo plano, a veces hay momentos clave en los que me pedirás que realice este deber en tu nombre con especificidad".

Lydia intervino y explicó: "Tienes un momento de oportunidad en el que puedes pedirle a Ezequiel y a su equipo que finalicen el orden de las relaciones que LifeSpring necesita tener. Esto ya ha comenzado a suceder para ustedes ya que hemos estado trabajando juntos, pero se necesita una nueva entrega de sumas, restas y la aclaración de algunas cosas, y eso es lo que podemos lograr juntos hoy".

Ezequiel explicó: "Esto es como un encargo mío para ordenar tus relaciones de nuevo".

Carga a Ezequiel

Lydia compartió: "No es difícil. Es sencillo. Simplemente le dices a Ezequiel, el ángel del ministerio de LifeSpring International Ministries:

Te convocamos y te encomendamos el deber de ordenar las relaciones para LifeSpring que traerán el beneficio del Padre y la bendición del Padre.

Te pedimos que eludas los dominios y los traigas.

Te pedimos que solidifiques a aquellos que están en nuestra base de relaciones con quienes el Padre se complace.

Te pedimos que transfieras todas las relaciones innecesarias o aquellas relaciones que causen el robo de recursos, tiempo y finanzas.

También le pedimos a Ezequiel que limpie los escombros de esas relaciones. Si la relación tiene una hora de finalización en los pergaminos del Cielo, solicitamos que se cumpla por la Palabra del Padre y llevar estas relaciones a su finalización.

Bendecimos a aquellos que han caminado con el ministerio por un tiempo y los liberamos con bendiciones para ellos.

Le pedimos a Ezequiel que realice el acto de centinela en las puertas del dominio del ministerio LifeSpring International Ministries para que ninguna relación que no esté escrita por el Padre o de acuerdo con la divinidad tenga acceso al dominio como comprador, cliente, amigo, aquellos con estado de empleado, o aquellos aliados como estudiantes.

Básicamente, le estamos pidiendo a Ezequiel que limpie las plataformas y ponga en orden las relaciones que nuestro Padre desea que tenga este ministerio. Limpia lo viejo, trae lo nuevo y ayúdanos a establecer con solidaridad las relaciones de las personas que ya están conectadas con nosotros."

Ezequiel dice, "Lo que me están pidiendo básicamente es "pulir" las relaciones en el ministerio."

"Sí", respondimos.

Se sugirió que yo estuviera de acuerdo verbalmente con todo eso, así que dije: "Estoy de acuerdo con todo eso."

Más sobre las relaciones

Entrar en el fluir de la revelación que necesita es más fácil de lo que usted cree. Ya se ha preparado. Por ejemplo, hoy con los miembros del ministerio Platinum, pídales que intervengan. Deje que uno de ellos lidere el camino. Siga construyendo la relación con aquellos que destaco. Tengo cosas planeadas para esa relación y el Cielo tiene planes aún mayores. Muchas veces, las relaciones pueden convertirse más cercanas para usted.

Recuerde, su ángel es un constructor de relaciones. Pueden construir relaciones a partir de lo que parece ser nada y crear una fuerza y confianza en ellos que pueden permitir que se mantenga durante largos períodos de tiempo. Ellos pueden ayudarlo a fortalecer las relaciones que tiene para que pueda hacer lo que sea necesario.

Cuando dos personas tienen en su corazón que el Señor construya las relaciones que el Cielo desea, puede comenzar una cooperación entre su ángel y el suyo. Esto fortalecerá las relaciones. Él ángel de cada persona puede ayudar en saber lo que necesitan para que las ataduras en la vida del ser humano sean desatadas. Muchos han cuestionado lo que han escuchado al respecto, sin darse cuenta que la información les llegaba a través de su ángel debido a la intención de sus corazones de hacerlo. El propósito de los corazones es como un intento. Es esencialmente lo mismo. La intención es necesaria porque crea un flujo de enfoque con respecto al tema de la intención. Sin intención, poco puede suceder, pero con intención, se puede lograr mucho en la vida.

Jesús habló sobre enfocar su intención, simplemente no usó esas palabras. Dijo en Mateo 17 que si "diréis a este monte." No fue a cualquier monte, sino a un monte específico. Eso es intención. Ese es el enfoque. Así como usted tiene armas que pueden enfocarse en una cosa en particular a una gran distancia, también tiene armas que dispersan sus disparos en un área más grande. La mayoría de los creyentes utilizan un enfoque de escopeta para su fe, y el ejercicio de su fe, en lugar de un enfoque guiado por láser hacia un monte en particular: una cosa en particular, un resultado en particular. El enfoque de la intención es clave. Atrae su reserva de fe de todos los ámbitos a una cosa en particular, de modo que esa cosa pueda verse afectada por la liberación de la fe. Hoy hará esto en cosas específicas, pero con respecto a las relaciones, tiene varias dinámicas en juego.

1. La intención del corazón de múltiples partes para tener una relación más profunda de acuerdo con sus pergaminos.

2. La determinación de obedecer la guía del Cielo (hablaremos de eso más adelante) con respecto a las relaciones.

3. La voluntad de obedecer al Cielo con respecto a orar y bendecir la vida de la otra parte.

4. La liberación de vínculos según las necesidades de la relación y de la otra parte es clave aquí.

5. La instrucción de su ángel para cooperar con el ángel de la otra parte para facilitar la relación.

6. Recuerde instruir a su ángel para que coopere con los Ángeles del Registro de Bonos mientras administran los bonos solicitados.

Hacer estas cosas, seguir estos pasos, ayudará a construir la relación. Pídale a su ángel que construya las relaciones en su vida de acuerdo con su pergamino. Comenzarán a eliminar las relaciones según la estación en la que se encuentre. No necesita relaciones de invierno en medio del verano. Puede que tenga algo de compañía, pero no será lo que debiera ser. Usted quiere que las relaciones sean de estaciones. Las estaciones son importantes, tanto en lo natural y como en otras áreas.

——— · ———

Capítulo 9
Ángeles Mensajeros

Donna y yo acabábamos de involucrarnos con el Cielo para descubrir lo que estaba en nuestra agenda para ese día. Poco después, Ezequiel, el ángel principal de nuestro ministerio, apareció con una gran bolsa de mensajero al hombro. Tenía un mensaje para nosotros, pero esta vez el mensaje era sobre mensajes y Ángeles Mensajeros. En las próximas páginas, simplemente voy a compartir lo que Ezequiel compartió en relación con nuestro ministerio.

Él comenzó: "Una bolsa de mensajero es para mensajes".

"¿Estás listo para aprender a enviar un mensaje en el espíritu?" preguntó.

"Sí", fue nuestra respuesta.

En trabajos anteriores con Ezequiel, él había demostrado ser un maestro muy capaz y hoy no iba a ser diferente.

Envío de mensajes en el espíritu

Los Ángeles Mensajeros llevan mensajes. En las Escrituras, podemos leer dónde los ángeles son enviados por el Padre a varios lugares e individuos con mensajes. A veces, usted ha experimentado un fluir del Espíritu Santo donde el entendimiento y el conocimiento fluyen directamente del Espíritu Santo a su espíritu, para que sepa cómo ministrar.

Si ha estado siguiendo nuestras enseñanzas en el grupo de mentores del martes por la noche, ha aprendido a recibir mensajes entrando en los dominios del Cielo para recibir mensajes como los del registro de bonos o del Centro de Asistencia o cosas por el estilo. También puede hacer uso de los ángeles asignados a su ministerio.

Los mensajes pueden ser transmitidos en el espíritu por seres espirituales que le sean asignados y que trabajen en su equipo. Ezequiel nos dijo: "Yo y mis comandantes de rango y sus filas estamos en tu equipo. Somos miembros del equipo, y debes empezar a vernos como tales, de modo que cuando el ministerio tenga una necesidad, puedes enviar un correo electrónico o puedes enviar un ángel; sí, puedes comisionar un ángel, uno de mis subordinados para entregar el mensaje.

Cierto tipo de ángeles se conocen como Ángeles Mensajeros. Podemos liberarlos para que lleven mensajes en el reino espiritual que normalmente tendríamos que entregar nosotros mismos por otros medios. El ministerio había estado viendo un número cada vez mayor de correos electrónicos que se estaban volviendo más difíciles de administrar y habían consumido bastante tiempo. Estábamos aprendiendo esto con el objetivo final de ver la afluencia de correos electrónicos desde las Cataratas del Niágara hasta un arroyo.

Podemos llegar a un acuerdo en que Ezequiel tiene Ángeles Mensajeros. Podemos pedir que los mensajes se lleven en el espíritu a las personas. Nos dijeron que tendríamos que aprender esto y aprender cómo funciona.

Ezequiel explicó: "La razón por la que esto no ha funcionado para aquellos que no lo han entendido, es porque la mayoría de los cristianos no saben que se les pueden llevar mensajes continuamente y que pueden entender estos mensajes". Ezequiel le recordó a Donna un evento reciente cuando el ángel de su nieto se acercó y se paró frente a ella. Fue un Ángel Mensajero que recibió Donna, ese ángel tenía un mensaje y un propósito. El ángel le estaba reportando una situación a Donna, por lo que Donna inmediatamente le encargó al ángel que se ocupara de ello. Donna pudo hacer eso porque lo captó. Ezequiel dijo: "Imagínense si ese ángel simplemente estuviera parado esperando ser notado y Donna no hubiera estado prestando atención o no pudiera discernir la presencia del ángel.

Esto es lo que el cristianismo no ha entendido porque el Cuerpo de Cristo se ha acostumbrado tanto a mirar en lo natural, y no en lo sobrenatural. Sí, tan pronto como usted discierne lo sobrenatural, ve muchos Ángeles

Mensajeros, y luego la base de Ángeles Mensajeros puede comenzar a activarse.

Amail versus Email (correo electrónico)

Ezequiel continuó: "La razón por la que te hablo de esto es porque Lydia te ha estado hablando sobre la situación del correo electrónico y porque así es como funciona. Naturalmente, tienes correo electrónico (email), pero en lo sobrenatural tienes ángeles (Amail). Un ángel puede traerte una visión. Un ángel puede darte un conocimiento. Un ángel puede traerte un entendimiento. Un ángel puede traerte una revelación y un ángel puede traerte el rostro de una persona.

Una vez que disciernas su presencia, lo segundo que debes hacer es preguntarle al Espíritu Santo: "Este ángel me ha traído esto, ¿qué hago con esto?" La función del Espíritu Santo que mora dentro de ti es ayudar con sabiduría, consejo y asistirte en tu compromiso con los siete espíritus de Dios acerca de qué hacer con el mensaje que acaba de llegar a ti."

Existe una red de Ángeles Mensajeros que quieren operar mucho más rápidamente y con mucha más facilidad para ayudar al Cuerpo de Cristo. Quieren aliviar las presiones de la falta de comunicación o la comunicación excesiva e innecesaria.

La primera iglesia hizo esto todo el tiempo. Es por eso que cuando Pedro apareció en la puerta después de ser liberado de la prisión por los ángeles, pensaron que era el ángel de Pedro trayendo un mensaje, y no el mismo Pedro quien estaba parado a la puerta de la casa.

La iglesia primitiva tenía un gran conocimiento de estos conceptos. Debemos ser conscientes de que existe mucha guerra alrededor de los Ángeles Mensajeros, los Ángeles Mensajeros que se envían con mensajes.

La mayoría de los cristianos piensan que solo se les envía mensajes del Padre. Debemos repensar eso. Los Ángeles Mensajeros son enviados en nombre de los santos: aquellos cuyos rostros están vueltos hacia Dios, aquellos que tienen Su luz, aquellos que están utilizando sus cinco sentidos espirituales. Los Ángeles Mensajeros responden a los cinco sentidos espirituales y pueden usar los cinco sentidos espirituales para traerle el mensaje que necesitan llevarle. Pero algunos de los mensajes son de otros santos. No son de la divinidad; sin embargo, pueden serlo. Jesús envía a sus ángeles; el Padre envía a sus ángeles y el Espíritu Santo tiene ángeles que envía.

Red de Ángeles Mensajeros

Existe toda una red de ángeles cuyo propósito es ir y venir entre los ministerios, entre las naciones, entre las dimensiones y lugares en los dominios del Cielo. Los Ángeles Mensajeros vienen de esos lugares. A veces usted ha recibido un Ángel Mensajero que se le ha enviado para informarle que hay un caso judicial para que comparezca ante la corte. A veces, desde los dominios del Cielo, ha sucedido algo en una Sala del Concilio en la que necesitaba aparecer o conocer, y se ha enviado un ángel, no del Padre, del Hijo o del Espíritu Santo, sino de la nube de testigos y de los seres angelicales que salen de los dominios del Cielo al dominio natural, para que le vaya bien a usted en ambos dominios.

"¿Ves esta bolsa de mensajero?" Preguntó Ezequiel. "Necesito que esté llena, para que pueda distribuir los mensajes a mis filas y ellos puedan seguir su camino". Él instruyó, "No tienes que pasar por mí personalmente. Puedes llamar a uno de mis subordinados y pedirle a un Ángel Mensajero de las filas, asignado al ministerio, que sea liberado para lidiar con la situación o para impartir información, conocimiento y comprensión sobre algo a una persona.

Abusar del Privilegio

Ezequiel continuó: "Al igual que en otras cosas, cuando entiendan esto, la humanidad, en su inmadurez, abusará de esto. El riesgo de abuso de Ángeles Mensajeros es alto. Hay algunos Ángeles Mensajeros en el Cielo que no quieren tratar con el Cuerpo de Cristo por su inmadurez con respecto a esto porque corren el riesgo de sufrir mucho daño y corren el riesgo de ser capturados. Fueron creados para hacer esto, pero son conscientes de los riesgos al tratar con la novia de Cristo y la humanidad del cuerpo de Cristo en la tierra en su inmadurez del re-aprendizaje de esto". Ezequiel dice: "Créeme, esto es un re-aprendizaje. Esta información ha estado en el reino de la tierra durante mucho tiempo".

Ezequiel luego mostró algunos santos celtas y a otros santos de los primeros tiempos de la iglesia. Ellos lidiaron con esto. Ellos entendieron esto. Los padres de la iglesia primitiva también entendieron esto.

Recibir el mensaje es la meta

El Ángel Mensajero puede ser equipado, agradecido y elogiado. A un Ángel Mensajero se le puede dar elixir y comida de ángel. Cuando un Ángel Mensajero llega y entrega un mensaje, **la recepción del mensaje es lo que ellos son después**. No son posteriores a la entrega del mensaje, son posteriores a la recepción del mensaje.

Justo antes de esta reunión con Ezequiel, un ángel apareció de parte de uno de los miembros de nuestro personal. Aunque inicialmente Donna pensó que era el Ángel Personal de esa persona, era un Ángel Mensajero enviado por el Ángel Personal con un mensaje. Donna reconoció al ángel, recibió el mensaje y, a su vez, dio instrucciones para que las llevaran de regreso a nuestro miembro del equipo para ayudarlos en un asunto. Una vez que el mensajero regresara al ángel de los miembros del equipo, su ángel tendría información e instrucciones para ayudarlos.

Nunca fuera de un momento de enseñanza, Donna miró por la ventana de su oficina y vio un cuervo grande que parecía bastante demacrado. Inmediatamente discernió que era una manifestación de un espía enviado a espiar a Donna y lo que estaba ocurriendo. Ella inmediatamente lo echó fuera de su propiedad.

Se dio cuenta de que necesitaba hacer una pausa y ocuparse de algo. Donna acababa de regresar de unas cortas vacaciones y, antes de irse, había puesto ángeles para proteger su hogar y propiedad.

Donna comenzó, "Padre, te agradezco por los ángeles que protegieron mi casa y mi propiedad contra todo acceso y punto de acceso dimensional mientras yo no estaba. Ahora que he vuelto, en el nombre de Jesús, te encomiendo estos ángeles que custodiaban mi hogar y el portal que está aquí. Pido que a estos ángeles se les sirva elixir, comida y pan de ángeles. Pido que se les brinde ayuda y respaldo y que vengan nuevos ángeles y que ayuden a mantener el portal abierto aquí y a proteger la propiedad y cada punto de acceso dimensional contra el mal, la oscuridad y la injusticia."

Mientras oraba, de repente sintió la afluencia de los nuevos ángeles, así que continuó: "Te agradezco Padre por los nuevos ángeles que están aquí y los libero para que realicen su trabajo: capturar a cada espía de la oscuridad, y donde esos espías de las tinieblas han cruzado una línea, castigarlos con un castigo inmediato en el nombre de Jesús. También les pido a los nuevos ángeles que han llegado que aumenten el fluir de agua que sale del Cielo hacia este portal en el nombre de Jesús. Pido un ensanchamiento de la cascada de agua viva que fluye del Cielo".

Inmediatamente vio una puerta y preguntó: "Espíritu Santo. ¿Por qué veo una puerta? ¿Necesito reabrir la puerta?"

Hablando a los ángeles que habían venido, ella dijo: "Instruyo a los ángeles más nuevos y frescos que han venido, a patrullar el dominio de la propiedad y proteger mis dominios contra todos los puntos de acceso dimensionales. Ahora que estoy de regreso en mi lugar geográfico, les ordeno que abran la puerta y que cumplan con el deber de centinela y que solo permitan el acceso a través de la puerta del dominio de la propiedad, de mi dominio y de reino espiritual, a esos Ángeles Mensajeros del Señor Sabaoth: a cualquiera de los mensajeros del Rey de gloria. Pueden dejar entrar a los Ángeles del Registro de Bonos y a todos los ángeles que entregan mensajes de otros santos, y deben negar el acceso a los espías de la oscuridad, demonios y aquellos que están conspirando contra mí, contra mi familia y este ministerio, en el nombre de Jesús."

Donna explicó: "Cuando me fui, le pedí a los ángeles que custodiaran todo aquí en mi casa." Ezequiel explicó que fue como si esos ángeles cerraran la casa y cerraran la puerta. Donna se dio cuenta que cuando regresara tenía que abrirla de nuevo.

Lo que los Ángeles Mensajeros esperan es un reconocimiento

A menudo esperan una recepción verbal del mensaje que han traído. La respuesta verbal de un creyente en el ámbito físico es el camino a través del cual ocurre este intercambio. Sucede a través de la frecuencia verbal, que es el cruce entre los dos dominios, el dominio espiritual y dominio de la tierra, y forma un puente. La frecuencia verbal de "Recibo lo que tienes. Gracias por traerlo", es lo suficientemente simple como para formar la manifestación de la recepción en el dominio físico.

Usted es un portal del reino. Sin embargo, si es un portal del reino, ¿cómo se manifiesta en lo natural? Se manifiesta a través de una frecuencia de sonido. Las ondas de frecuencia de sonido son una de las cosas más controvertidas en el ámbito terrestre. El enemigo quiere llenar o reemplazar las frecuencias de la tierra con sus propias frecuencias y hacer que los cristianos desprevenidos liberen frecuencias de sonido incorrectas.

El Cuerpo de Cristo está creciendo en esto porque los miembros individuales están comenzando a darse cuenta de la importancia de las frecuencias de sonido. Están sucediendo dos cosas:

(1) Existe el cierre de las frecuencias de sonido del cuerpo de Cristo donde se distraen y no dicen lo que el Cielo dice. No están diciendo lo que dicen los ángeles. No están diciendo los mensajes que traen los ángeles. No están diciendo la revelación que fluye.

(2) No lo dicen verbalmente porque a algunos de ellos se les ha enseñado que tienes que orar en silencio y en privado en tu cerebro o en tu mente, cuando necesitan orar en voz alta y hablar en voz alta. Están hablando con lo invisible, pero también estás hablando con lo que se ve.

Ezequiel explicó: "Estoy en un dominio diferente, pero tú y yo nos comunicamos por frecuencias de sonido. Estás escuchando mi frecuencia, pero cuando me hablas en voz alta, estás llevando lo que te estoy diciendo a este mundo natural, a este dominio". El enemigo le ha dicho a la iglesia que solo pueden orar en silencio en su mente, para que nunca abran la boca.

Desatar las cadenas de la boca y de la lengua de las personas es importante para su crecimiento espiritual. Por lo tanto, hablar y orar en lenguas es muy importante. Es una representación del espíritu que llega a través de su frecuencia al dominio natural.

Hablar con los ángeles debe hacerse verbalmente. Muchos estudiantes están hablando con ángeles o intentando hablar con ángeles a través de la mente. Esto no es imposible, pero no es la forma designada. Hablar con los ángeles en voz alta es lo que necesitamos, especialmente si se le ha traído un mensaje, que el Ángel Mensajero quiere escuchar el recibo de lo que se le ha dicho. Solo repita en voz alta lo que le dijo el ángel. Esa es la forma de recepción. Podría hablarle directamente al ángel y decirle: "Te percibo. Escucho lo que estás diciendo y estoy de acuerdo con eso". Esa es otra forma de recibo. O simplemente podría decir: "No sé quién eres, pero recibo lo que trajiste en el nombre de Jesús". Esa es una forma de recibo.

Lo primero es lo primero

Donde los cristianos se meten en líos es en que no han hecho las primeras cosas primero para poder recibir un mensajero de las huestes del Cielo. No han enviado a sus ángeles a patrullar sus dominios y asegurarse que solo entren los que venían de Jehová. Si usted no ha hecho ese trabajo fundamental primero y, sin embargo, está recibiendo cada espíritu que entra y se le presenta, va a recibir espíritus equivocados.

Aquí es donde el Cuerpo de Cristo opera en inmadurez y en infantilidad y donde no han crecido en el fundamento de quiénes son en Cristo y su capacidad para hacer estas cosas; por lo tanto, simplemente están recibiendo todo tipo de cosas.

Debe alinearse con la Palabra. Debe alinearse con el sentido del Espíritu Santo resonando en una frecuencia similar dentro de usted. La razón por la que esto no ha estado sucediendo es porque a los cristianos se les ha enseñado a temer estos mensajes que vienen del Cielo y muchos de ellos no han limpiado su mente y no se están alimentando del fluir revelador del Cielo. No se alimentan de la Palabra de Dios. Se están alimentando de muchas cosas que no son de Dios.

Usted tiene que saber de qué se está alimentando y tiene que entender que ha estado trabajando con la divinidad para madurar, siempre enfocándose en el Rey, siempre buscando escuchar lo que el Padre está diciendo. Esa relación íntima de tener esas cosas básicas en su lugar le impide tener contratiempos y recibir un espíritu equivocado. Los ángeles le ayudan con esto. Sus ángeles personales le ayudarán con esto. El Cielo explicó: "Los ángeles pueden hacer muchas cosas en el dominio invisible, pero debes decirle esto a tu gente. Están presentes para ayudarte a que puedas recibir nuevos mensajes".

Ezequiel comenzó a dar otro ejemplo. Él dijo: "Si liberas un Ángel Mensajero para alguien y esa persona no ha hecho las cosas que deben hacer para recibir el mensaje, entonces las posibilidades de que reciba el mensaje no son tu culpa. Es culpa suya. No es culpa del Ángel Mensajero. Es culpa de la persona porque no estaba lista para recibir". Continuó: "La misericordia y la gracia del Cielo es tal que los ángeles pueden esperar hasta atrapar a esa persona en un momento en el que puedan recibir".

La enseñanza de cómo recibir a los Ángeles Mensajeros es también la enseñanza de cómo permanecer en Cristo Jesús: cómo permanecer en él, habitar en su presencia y corazón, escuchar al Espíritu Santo y cultivar la intimidad con el Padre.

"Entonces, ¿cómo vamos a poner eso en práctica con algo ahora mismo?" Le pregunté a Donna.

"¿Qué pasa con J. (uno de los miembros de nuestro personal)?"

Solicito a un Ángel Mensajero asignado al ministerio LifeSpring International Ministries, para que lleve un mensaje a J.

J., honramos tu trabajo para el ministerio, honramos tu diligencia para ello. Somos conscientes de la tensión que sientes entre tus diferentes roles y liberamos gracia para ti y que el aceite de la unción fluya entre tus papeles sin presión, pero con la paz del Rey de Paz, del Príncipe de la Paz. Liberamos este frasco de aceite. Te pedimos ángel que entregues este frasco de aceite a J. por esas razones. Te pedimos que unjas a J. con paz, gracia, tranquilidad, respeto y honor por lo que hace con el ministerio. Te liberamos para que lleves eso a J. en el nombre de Jesús. Gracias.

Aunque nuestras copas espirituales estaban llenas, Ezequiel aún no había terminado. Señaló un evento que había ocurrido con Donna el día anterior mientras regresaba del aeropuerto. Alguien le había enviado un mensaje de texto con una "emergencia". Donna sabía en su espíritu que la situación no era una "emergencia" sino simplemente una situación. Ella no respondió por mensaje de texto a la amiga, pero comenzó a hablarle a su espíritu y pidió a los ángeles que la ministraran.

Ezequiel señaló que lo que había hecho era una forma de entregar un Ángel Mensajero a alguien.

Es probable que usted haya experimentado esto más de lo que se imagina. Ojalá que crezcamos en estos entendimientos a medida que aprendemos a confiar más en el Cielo que en la tierra.

———·———

Capítulo 10
Cómo cooperar con el Ángel de la Moneda

Durante nuestro primer encuentro con el Ángel de la Moneda, se nos mostró como un ser que tenía las monedas de todas las naciones cubriendo su ropa e incrustadas en él como tatuajes. Se quedó con Lydia esperándonos. Necesitábamos saber más y el Cielo estaba feliz de complacernos. Momentos después, Ezequiel nos ayudaría. Comenzamos con una pregunta: "¿Trabajas con el Ángel de la Moneda?"

Ezequiel respondió: "Ciertamente lo hago. Soy consciente de él y de su presencia y mis filas lo acompañan a menudo. Es el tipo de ángel que a veces necesita protección de las entidades en guerra. Soy consciente de su rastro de luz y movimiento en el dominio de la tierra y sí, él es un ángel único.

El Padre tiene muchos ángeles maravillosos. Responden a su deber con veracidad y ferocidad. A menudo debemos emplear trampas explosivas para ayudar a este ángel en su camino, ya que está cumpliendo con su deber. Las redes también se utilizan a menudo para hacer frente a las pequeñas criaturas como ratones o un zorro entre las enredaderas que pretenden robar la riqueza oculta del Padre y la de los santos. Por eso acompañamos al el Ángel de la Moneda en sus incursiones y en el desempeño de sus funciones. Él usa nuestra ayuda y otra asistencia de los ángeles asignados para cumplir con sus deberes".

Hablando conmigo, Ezequiel dijo: "Ron, si sientes una desaceleración en la ecuación de aumento de la liberación y necesitas un aumento, probablemente sea porque el Ángel de la Moneda se ha metido en problemas y podemos dialogar y ayudarte con eso. Podemos ver cómo está por ti. Si alguna vez sientes que eso está sucediendo, trabajemos juntos".

Continuó: "Otros ángeles son como el Ángel de la Moneda, pero no traen monedas. No comercian con divisas. Ellos intercambian otras cosas que tú consideras riqueza, así como relaciones, descendencia y otras cosas intangibles que quizás no consideres riqueza. Es un misterio, pero hay muchos dominios para los que estos ángeles están diseñados para operar y en los que operan. El Ángel de la Moneda es un tipo de Ángel de Reunión".

Donna preguntó: "¿Puedo pedirles a mis ángeles que se comprometan con el Ángel de las Relaciones por otra persona?"

Ezequiel respondió: "Puedo pedirles a mis ángeles que los revisen y vean si hay una necesidad o si hay problemas. ¿Sabes cómo has visto a los ángeles atrapados y capturados? Bueno, algunos de estos ángeles quedan atrapados y capturados y necesitan Ángeles Guerreros como yo y mis filas para liberarlos. Algunos Ángeles Guerreros son solo eso: Ángeles Guerreros. Algunos son como yo que tienen el rango de Ángel Comandante. Yo mando en muchas cosas, no solo en el aspecto de la guerra, sino en la expansión del destino sobre lo que tengo como mi deber, que en este caso es LifeSpring."

——— · ———

Capítulo 11
Corte de Decretos
y Corte de Ángeles

Nos habíamos enterado de algunos ataques contra el ministerio y decidimos pedir respuestas al Cielo. Accedimos a la Corte de Registros y comenzamos a comprender algo.

El ayudante angelical de la Oficina de Registros nos informó que la Corte de Acusaciones de las Cortes del Infierno estaba suministrando las fianzas impías contra nosotros. Habíamos provocado la ira de las Cortes del Infierno por las emboscadas y las trampas explosivas que habíamos colocado antes. El Espíritu Santo nos estaba exhortando a mantenernos firmes. El infierno se cansará de esto después de un tiempo y buscará presas más fáciles, nos dijeron.

Entonces el Espíritu Santo dijo: "Libera ángeles para incomodar a las Cortes del Infierno y saquear dominios ocultos donde yace la oscuridad. Usa los guerreros de la Corte de Ángeles que son Francotiradores,

Cazarrecompensas, Emboscadores y Creadores de Fuego". Luego dijo: "Suelta las flechas del Señor: las flechas de fuego y las flechas de luz". Luego, se nos instruyó que fuéramos inmediatamente a la Corte de Decretos con esta solicitud.

Accediendo al Centro de Asistencia de las Cortes del Cielo, hicimos nuestra solicitud: "Nos gustaría adquirir a alguien que nos ayude a acceder a la Corte de Decretos para solicitar un decreto real sobre la desaparición de ángeles".

Un ángel vino y nos condujo a un ascensor. Llegamos y al entrar en esta habitación nos pidieron que nos registráramos y que pusiéramos la fecha de nuestra visita. Se nos dio un formulario preliminar para completar de acuerdo a nuestra solicitud. El formulario preliminar debía ser presentado y aprobado por la Corte de Decretos. Una vez que un decreto tenía la aprobación preliminar, recibiría una marca de tiempo (que indicaba la hora de su liberación en la tierra).

Se nos indicó que confiáramos en la unción del Espíritu Santo al completar el formulario. Así que presentamos una solicitud a la Corte de Decretos para la liberación de guerreros angelicales en nombre del ministerio LifeSpring International Ministries y que cualquier Clase de Guerreros conocidos como Francotiradores, Cazarrecompensas, Emboscadores y Creadores de Fuego fueran liberados contra las Cortes del Infierno en los dominios ocultos donde yace la oscuridad. Solicitamos que una armadura angelical acompañara a estos guerreros que son las Flechas del Señor, las Flechas del Fuego Llameante y las Flechas de la Luz. Solicitamos esto por decreto real y nos pusimos de acuerdo con el tiempo divino de Jehová. Luego firmamos el formulario.

Un ángel tomó el formulario preliminar para comenzar el proceso del papeleo y otro ángel nos condujo a un área de la corte donde estuvimos sentados. Parecía ser parte de la galería, excepto que estábamos en el piso principal. Estábamos esperando nuestro turno. Mucha gente estaba en la misma habitación con nosotros.

Ezequiel de repente se unió a nosotros diciendo que no quería perderse esto. Luego, fue nuestro turno ante la corte.

Nos preguntaban: "¿Están aquí para representar al ministerio LifeSpring International Ministries?"

"Sí", respondimos. Entonces, un asistente de la corte comenzó a leer lo que estaba en el formulario preliminar.

Un secretario de la corte comenzó a revisar una base de datos y encontró información pertinente que coincidía con nuestra solicitud.

Se nos preguntó si estábamos de acuerdo con una liberación inmediata del decreto y respondimos: "Estamos de acuerdo con una retribución rápida".

Luego recibimos un pergamino. El asistente recomendó que notáramos que el pergamino no estaba sellado, lo que significaba que estaba disponible para su liberación inmediata.[21] Con la recepción del pergamino, terminamos en la Corte de Decretos.

A continuación, Ezequiel nos escoltó hasta la Corte de Ángeles donde presentó el reciente decreto real que habíamos recibido. Como era para su liberación inmediata, Ezequiel llamó nuestra atención a lo que estaba sucediendo en ese momento en la Corte de Ángeles.

Entraron ángeles vestidos de guerreros y Ezequiel les pidió que se dieran la vuelta para mostrarnos sus aljabas. Vimos una flecha enorme.

"¿Es esa la Flecha del Señor?" preguntamos. Parecía una enorme flecha de oro de un metro o cuatro pies de largo. Con ella estaba la flecha llameante que parecía como si estuviera recubierta de pólvora. Luego vimos las Flechas de Luz que tenían una apariencia líquida.

"Es una frecuencia. Por eso parece líquido", explicó un ángel.

Luego, los Ángeles Guerreros partieron a su misión. Al preguntarle a Ezequiel si alguna vez habían hecho lo que estaban a punto de hacer, respondió que no, pero que había oído hablar de sus hazañas y sabía que son poderosos en Dios porque nunca fallan.

Con eso completado, dejamos la Corte de Ángeles para pasar a nuestra próxima tarea. Con curiosidad por obtener más información sobre lo que acabábamos de

---

[21] Los pergaminos que tienen un tiempo futuro están sellados (ver Daniel 12:4).

experimentar, nos acercamos al Centro de Asistencia de las Cortes del Cielo y dijimos: "Estamos aquí buscando información sobre el protocolo donde el Espíritu Santo nos guía a orar para que los ángeles del Señor incomoden a las Cortes del Infierno y liberar a los ángeles para saquear dominios ocultos".

Alguien comenzó a explicar: "El sistema que funciona a través de la Corte de Ángeles opera con el papeleo que se distribuye desde las otras Cortes del Cielo. Por lo general, cuando viene a la Corte de Ángeles, usted tiene papeleo o una orden judicial o le han dado un objeto. Estos artículos pueden llegar a usted desde cualquiera de las Cortes del Cielo con instrucciones específicas para que venga a la Corte de Ángeles para su entrega. Además, en otras ocasiones, el trabajo de la corte en el que está involucrado ya ha liberado el papeleo en segundo plano y los ángeles son liberados a su deber de estas acciones.

Si le dijeran que soltara ángeles para incomodar al infierno, necesitaría recibir el decreto para eso. Entonces, la Corte de Decretos sería el lugar al que acudiría. Presentaría una solicitud de la voluntad de Dios en esa situación, y esa corte emitiría un decreto en consecuencia.

Lo que hace esto es combinar un cordón triple. Es combinar la unción del Espíritu Santo, la voluntad intencional del santo y la voluntad divina del Padre. Esto crea movimiento en la Corte de Decretos y da como resultado que se dicte tanto el decreto como el tiempo en que se emitirá el decreto. Ese decreto, una vez dictado en la Corte de Decretos, puede llevarse a la Corte de Ángeles.

A veces, estas cosas se hacen en segundo plano, especialmente si es para un tiempo futuro. Si es para un tiempo futuro, se registrará en la Corte de Ángeles y será atendido cuando los ángeles intervengan para cumplir con su deber en nombre del Señor. Sin embargo, algunos decretos son de una naturaleza en la que se le otorgaría el decreto y se le solicitaría que lo llevara personalmente a la Corte de Ángeles. A veces, esto es para fortalecer su fe para ver la actividad angelical tomar su decreto. Otras veces es para agilizar las cosas. Pero al Cielo le gusta que los santos conozcan y vean la actividad que se inicia en su iniciación con las Cortes del Cielo. A menudo, esta es la razón por la que recibe una unción para llevar un artículo o un decreto o un documento a la Corte de Ángeles. Entonces, si vamos a solicitar detalles (específicamente lo que solicita el Espíritu Santo), iríamos a la Corte de Decretos".

Le preguntamos: "¿Hay algo más que pueda decirnos que necesitemos saber sobre cómo funciona cuando solicitamos la incomodidad del infierno?"

Él respondió: "No puedo decirles los detalles porque eso está reservado para los misterios de los ángeles, pero puedo decirles que el dominio angelical se despliega con rapidez y fuerza, con toda su armadura. Los ángeles saben a dónde ir porque ya han espiado lugares de entrada que son como portales que se usarán cuando llegue este tipo de decretos. Esto es como un saqueo. El saqueo de dominios ocultos es como la actividad que han visto cuando entraron en la Sala de Trofeos del Infierno.

Cuando los ángeles saquean el infierno, sacan muchos objetos robados. Sacan vidas y recursos robados y devastan al enemigo en su rápida incursión en el campamento. Los ángeles hacen esto cada vez más debido a la iniciación de los santos, y en algún momento, llegamos a un momento en el que podemos recuperar territorio del enemigo. Este territorio se manifestará en el dominio de la tierra cuando la tierra sea liberada de su tormento y la tierra física reciba un refrigerio. Lo hemos hecho muchas veces por aquellos que se mueven en estos dominios y en estas operaciones".

Pedimos, "¿Podría hablar con nosotros acerca de las Flechas del Señor, las Flechas del Fuego Llameante y las Flechas de Luz?"

"Estos son los equipos de los Ángeles Guerreros", explicó. "A menudo, el decreto contiene un detalle específico del Espíritu Santo, y es importante prestarle atención, ya que esto les da a los ángeles acceso legal a este tipo de armas. Las Flechas Llameantes y las Flechas de Luz son enviadas por el Señor por los ángeles. Se asemejan a rayos y causan una dispersión instantánea en los dominios oscuros. La Flecha del Señor trae confusión y caos al campamento enemigo. Cuando los ángeles usan estas flechas del Señor, a menudo pueden sacar almas, espíritus y aquellos capturados en los rincones de la oscuridad que aún están vivos en la tierra, pero debido a la fragmentación han perdido sus partes en regiones de oscuridad ", continuó.

Recordamos que cuando el Espíritu Santo dio esta información, lo llamó Actividad Central por Decreto Real. "¿Es ese un tipo diferente de decreto o podría ayudarnos a entenderlo?" preguntamos.

El ángel explicó: "Es un decreto del Reino que es de naturaleza real en el sentido de que está firmado por el Rey a través de un canal de embajadores. Ese decreto vino a través de canales de embajadores de santos y fue iniciado por santos. El Cielo se regocija con esta iniciación de los santos para liberar las armas de guerra. La voluntad divina en el decreto es como el nivel de un general en un campo de batalla que conoce el momento adecuado para lanzar armas específicas. Las armas que se lanzan de acuerdo con lo divino involucrarán todo el plan de batalla del dominio del Reino y, por lo tanto, el momento para su lanzamiento en la batalla es crítico. **Los santos, entonces, al iniciar estas cosas, deben entender que su trabajo inicial es a nivel de la corte, pero el tiempo para el desarrollo de estas cosas es de acuerdo con la voluntad divina, lo que lo convierte en un Decreto Real.** Sería prudente escuchar la unción del Espíritu Santo sobre estas cosas".

Con eso, nuestra instrucción y explicación sobre lo que habíamos experimentado terminó. Teníamos más conocimiento para ayudarnos a comprender cómo cooperar con el Cielo como santos en la tierra. Que usted encuentre mucha satisfacción al comprender cómo trabajar con los decretos y la Corte de Decretos a medida que extendemos el Reino de Dios en la tierra.

Capítulo 12
Cómo saquear el Campamento de los Enemigos

Nuestra sesión comenzó con Ezequiel avisándonos que la provisión estaba siendo liberada, pero las lluvias de provisión[22] necesitaban protección. "Esta provisión es de los almacenes del Padre, pero la entrega de la provisión también tiene un componente de tiempo, por lo que la entrega y el tiempo también deben protegerse", explicó Ezequiel.

Donna y yo emitimos inmediatamente un cargo y una comisión a Ezequiel:

Encargamos y comisionamos a nuestro ángel y sus filas para proteger la provisión que nos llega. Protéjanla en su camino. Vean que lo que ha sido programado para que la liberación llegue a manifestarse.

---

[22] Las lluvias que transportan la provisión.

"¿Hay armas que necesitas para eso?" preguntamos.

En nuestra situación sabíamos que él tenía mapas, pero pidió algo llamado poste indicador. Estos son reconocidos por los ángeles. En la tierra tenemos semáforos en las carreteras. Los ángeles tienen postes indicadores y conocen las marcas de los postes indicadores. Hicimos la petición al Padre y el Cielo continuó con nuestra instrucción.

Pensamiento ofensivo y defensivo

El Cielo nos dijo que debemos comenzar a pensar en términos de ofensa, no de defensa, con respecto a la provisión que el Padre tiene para nosotros. Ezequiel estaba sugiriendo una postura ofensiva. Explicó: "Hay una provisión que viene basada en tu ofrenda, tus dádivas y tu obediencia donde ves el campo que es tuyo, el campo del ministerio, donde sabes que tienes cosecha. Es bueno asegurarse de que esté protegido".

La defensa sería cuando vamos a la Corte de Reclamación y recuperamos lo que el enemigo ha robado, pero las medidas ofensivas tienen que ver con la provisión *que se está liberando*. Esto proviene de la fe que usted tiene en que recibirá la provisión y que está esperando la provisión. Ha hecho cosas como hacer retiros del Departamento de Finanzas para su provisión y ha sembrado en obediencia. Eso es una postura ofensiva de protección sobre la prosperidad venidera, la liberación de ganancias inesperadas y cosas por el estilo. Necesitamos aprender a protegerla de manera ofensiva.

Lluvia del Cielo

Le pedimos a Lydia que nos ayudara a comprender.

Ella comenzó, "No es tan difícil como piensas. Piensa en la provisión como la lluvia del Cielo. Se acerca la lluvia y debes sacar tus recipientes para recibirla. ¿Qué pasa entre el momento en que la lluvia sale de las nubes y llega a los recipientes? Es ese período el que necesita protección".

Por lo tanto, debemos encargar a nuestros ángeles y a sus filas para que luchen de manera ofensiva y agresiva contra el robo o el posible robo, extravío o captura al desviar la lluvia de provisión que ha sido liberada del Padre al ministerio. Esto parecería un llamado de nuestros ángeles para hacer esto. Ezequiel tiene mapas que usa para esto, ya que instruye a sus filas en una posición ofensiva, no solo defensiva.

Esta es la diferencia,
puede decirles a las filas
de los ángeles que protejan,
pero también puede decirles
que saqueen.

Las huestes celestiales no están buscando un enfrentamiento con el enemigo porque ellos saben a quién pertenecen y saben que la pelea ya está ganada, pero cuando la pelea les llega y el enemigo ataca, tradicionalmente usted ha colocado a sus ángeles para defender lo que es suyo, pero...

Ahora libérelos, no sólo para defender lo que es suyo, sino para saquear también el campamento enemigo.

¿No querría eso usted? Saquear es hacer que Satanás pague cuando él trae la pelea y pierde.

Siempre hágale pagar al enemigo mediante el saqueo de su campamento.

No piense en el campamento como algo singular, piense en los muchos campamentos del enemigo desde los que le ataca a usted, el personal, los clientes, las líneas de comunicación y la provisión. Libere a sus ángeles a la guerra a la defensiva, pero **también a la ofensiva** para saquear el campamento enemigo y recuperar lo que pertenece al Reino de Dios. Esta sería una actividad de guerra para la que Ezequiel está bien equipado. En ese momento, Ezequiel estaba demostrando su acuerdo con esto y su actitud de "no puedo esperar".

Ahora Lydia mostraba un saco de oro y dijo que todo el oro y toda la plata son del Padre (Hageo 2:8). "El enemigo ha recolectado el oro durante épocas a través de varios medios y de varias formas, pero ahora es el momento de liberar a tus ángeles para saquear los campamentos del enemigo y recuperar el oro", explicó.

¿Ve que hay una diferencia aquí en la Corte de Reclamación donde usted recurre por medios legales? Usted también puede liberar actividad angelical para saquear el campamento enemigo. Entonces, donde el enemigo ha robado a personas que ni siquiera saben cómo recuperarlo,

*El Cielo dice que el oro puede ser recuperado **por quien quiera**.*

Recuperar parte del oro es la meta del Padre, pero si usted lo recupera, se acredita a su acción de liberar a los ángeles para la tarea en cierta medida, **sin importar quién lo haya perdido.** Sigue siendo el oro de Dios. Alguien tiene que recuperarlo. Esto les corresponde a los santos maduros de Dios que comprenden los caminos de Él y que ya están operando en obediencia como verdaderos hijos.

Pedimos ser entrenados en este proceso y nos dijeron:

Es como un llamado mediante el cual encargamos a Ezequiel y sus filas para capturar del enemigo lo que ha sido robado. El Cielo quiere devolvernos las cosas que nos han sido robadas, no solo de nosotros, sino también de aquellos a quienes ministramos, de aquellos que están asociados con el ministerio, de sus familias, de su futuro (o de su pasado). En todos los campos, estamos saqueando para recuperar todo lo que ha sido robado en el nombre de Jesús.

"Cuando los ángeles recuperen la recompensa, ¿cuál es la distribución de eso?" preguntamos.

Ezequiel respondió: "Vuelve a quien lo solicita. Mira a tus ángeles como poderosos guerreros.

Tus ángeles pueden obtener lo que es tuyo, pero también pueden obtener lo que esté disponible.

Si saqueas un campamento enemigo y ves un objeto que le quitó a alguien que conoces, puedes decir: "Voy a buscar eso. Yo veo a dónde se llevó el enemigo toda esta habitación llena de tesoros del reino de Dios, así que también reclamo eso". Ese es el saqueo del campamento enemigo.

Realmente no necesitamos entender o ver la distribución. Simplemente lo experimentaremos. Simplemente haremos esto y veremos qué sucede".

Cómo hablarle con su (s) ángel (es):

Te ordenamos ir a tu posición defensiva en protección de la provisión que viene para el ministerio, y también les ordenamos a estar en posición ofensiva, tanto a ti como a tus filas. Les mandamos a saquear ofensivamente el campamento del enemigo, recuperar lo que ha sido robado y lo devolverlo a donde sea necesario, en el nombre de Jesús.

Si usted es un ciudadano del Reino y el Reino ha sido saqueado, puede liberar huestes angelicales para recuperar lo que el Reino perdió, ya sea suyo o no. Este es su derecho. Tiene derecho a eso, pero también está actuando como embajador del Reino para recuperar lo que pertenece al Reino y dejar que el Rey determine lo que hará con ello. El Cielo solo lo quiere recuperarlo, pero el Cielo necesita hijos que tomen sus puestos y se encarguen de que ocurra el saqueo del campamento enemigo. Santos, ¡tomen sus puestos![23]

---

[23] Más sobre este tema está disponible al final del Capítulo 18: Perspectivas.

Capítulo 13
Cómo trabajar con los Ángeles del Registro de Bonos

Pedimos permiso para regresar al Centro de Asistencia y estábamos revisando nuevamente el ministerio LifeSpring International Ministries. Queríamos saber si había algo en nuestro horario.

Donna escuchó las palabras "Registro de Bonos" pero no estaba segura de lo que se decía. Ella pidió una aclaración.

"¿Podría alguien venir y ayudar hablándonos sobre el Registro de Bonos y ángeles?" ella preguntó.

Lydia se acercó y comenzó a explicar que quería hablar sobre la revelación en el libro sobre los bonos y el

Registro de Bonos.[24] Ella nos dio una nueva comprensión sobre los ángeles y el Registro de Bonos.

En la Corte de Registros, ha visto asistentes que le trajeron registros, lo ayudaron a pasar páginas y le brindaron asesoramiento. Son ángeles asignados para supervisar los registros de personas y entidades. Estos ángeles de servicio en la Oficina de Registros también están conectados a un ejército de ángeles. Se turnan para trabajar en la oficina de Registro de Bonos y llevar a cabo la liberación de los bonos celestiales solicitados en las cortes y en los registros de bonos de personas y entidades. Por su diseño, el Registro de Bonos es muy preciado para ellos. Se entristecen cuando se les asignan bonos impíos, pero se regocijan cuando los santos trabajan desde los dominios de las salas de las cortes para lidiar con los bonos. Están asignados para decretar el rol de los bonos celestiales que se asignan a medida que el trabajo de la sala de la corte es realizado por los santos que llenan los registros de bonos con los bonos celestiales.

Su actividad aumenta exponencialmente debido al llenado de las páginas del registro de bonos con bonos celestiales. Tienen cierto tipo de expresión o de buen gusto. Los ángeles tienen una resonancia particular sobre ellos debido a su asignación.

Estos ángeles están asignados al Registro de Bonos, por lo que tienen una manera particular de tratarlos. Incluso

---

[24] *Liberando Bonos en las Cortes del Cielo* (2020) por el Dr. Ron M. Horner (LifeSpring Publishing).

su estatura y su velocidad están realmente diseñadas para estar relacionadas con lo que hacen con respecto al Registro de Bonos. Ellos son responsables de hacer que las personas comprendan el Registro de Bonos. Son responsables de escuchar y recibir las órdenes de las cortes donde se liberan los bonos para las personas, y se involucran en la actividad de llevar la expresión de ese bono a la vida de una persona.

Por ejemplo, un bono de paz liberado para una persona, a través del trabajo de los santos en la sala de la corte, libera un Ángel de Registro de Bonos a la persona por la que se ora, para lograr la paz en el dominio de esa persona.

Rangos Angelicales

Los ángeles están organizados por rangos como los que usted vería en un ejército. Existen rangos en estos ángeles y algunos ángeles lo hacen mejor que otros en sus puestos y en el desempeño de sus deberes.

Entonces, mientras el santo ora por el Registro de Bonos, una comprensión adicional de lo que se está haciendo desde las filas de los ángeles del Cielo ayudará a las personas a comprender que están al mando de los ángeles mediante el trabajo de la corte de liberación de bonos celestiales para individuos, entidades y semejantes. Esto ayuda al santo a ganar un nuevo nivel de expectativa para el desempeño de ese bono santo. Si no lo están viendo o sintiendo, o si sienten que ningún ángel está asignado para cuidar de esto, entonces el santo puede solicitar al Padre, en la sala de la corte, que sus mejores ángeles sean asignados para la realización de estos bonos liberados.

Bonos Liberados

Piense en estos bonos liberados de una manera dimensional. Son palabras en una página en un Registro de Bonos, pero también son pergaminos entregados a los Ángeles del Registro de Bonos. Ángeles Personales, como el suyo, pueden interactuar con estos ángeles, incluso ofreciéndoles respaldo, apoyo y asistencia.

Los individuos tienen Ángeles Personales o Ángeles Guardianes, y usted puede instruir a su Ángel Personal o Guardián para que reciba o ayude a los Ángeles del Registro de Bonos. Encargue a su (s) ángel (es) a cooperar con los Ángeles del Registro de Bonos.

Si está orando por Joe y está liberando bonos para él y libera un bono de paz para Joe, entonces puede decirle al ángel de Joe: "Haz tu trabajo con el Ángel del Registro de Bonos para recibir lo que los Ángeles del Registro de Bonos están trayendo para Joe". Este es un medio de dar órdenes a los ángeles, pero no es necesario que lo haga todo el tiempo. Se puede hacer de una manera reveladora; en otras palabras, cuando perciba, sienta, sepa, vea, escuche o reciba instrucciones de que un ángel del Registro de Bonos necesita ayuda, es entonces cuando le solicitará al Padre que el ángel de Joe trabaje con el Ángel del Registro de Bonos.

Ángel del amigo de Donna

Donna compartió un encuentro reciente con el ángel de un amigo que apareció de repente. Cuando apareció el ángel del amigo, ella supo de quién era el ángel. El ángel estaba necesitado, pero su amigo no sabía cómo trabajar con su ángel para colaborar con él.

Ella le pidió al Espíritu Santo instrucciones sobre qué pedir y comenzó a hacer las peticiones. Después de unos momentos, se hizo y el ángel se fue.

Si el ángel de otra persona viene a usted, lo más probable es que su ángel esté convocado porque está buscando santos que puedan ayudarle. Los ángeles desean la relación con el santo y, si aún no tienen la relación con su persona, están buscando con avidez a aquellos con quienes puedan relacionarse. Estos ángeles pueden necesitar algo, necesitan una dirección, una comisión o un encargo, por lo que pueden acudir a usted porque saben que usted es sensible a eso y comprende estas cosas. Comisionar y encargar también son palabras para mandar ángeles. Entonces, llamar la atención o el despertar del Ángel Personal de otra persona sobre su deber nos ha sido dado. Esto no está fuera de nuestros límites, tenemos la capacidad de hacerlo.

El Registro De Bonos

Donna empezó a ver un libro que parecía un Registro de Bonos. Desde el Registro de Bonos, estaba viendo senderos de luz que van desde las páginas interiores del registro. Estos caminos de luz eran los senderos de los ángeles como un rayo de luz. Eran los caminos de los Ángeles del Registro de Bonos asignados para entregar el bono a la persona.

El ángel que trae el bono está operando para traer lo que está escrito en el pergamino a la persona. Cuando alguien pide la liberación de un bono, y esa persona va a la corte, sigue el protocolo y solicita la liberación de un bono en particular, ese bono se registra. Los Ángeles del Registro de Bonos luego son liberados al dominio de esa persona. Si la persona que originalmente pidió por alguien, es sensible y perceptiva y solicitara un bono para ellos, percibirá que el Ángel Personal del destinatario recibe al ángel del registro y trae lo que el bono libera a su dominio. Es una cosa perceptible. Algunos de ustedes han sentido ese cambio. Es discernible, es un cambio de espíritu y el resultado de la actividad angelical tanto del Ángel Personal como del Ángel del Registro de Bonos. A menudo se escribirá en un pergamino. Si percibe una demora, puede solicitar que se le dé respaldo al Ángel Personal para recibir al Ángel del Registro de Bonos.

En algunos casos, los Ángeles Personales no tienen experiencia en recibir al Ángel de Registro de Bonos, por lo que pueden necesitar instrucción, o pueden necesitar un respaldo angelical para que puedan adquirir experiencia en la recepción del Ángel de Registro.

En el caso de un niño, el Ángel Guardián puede necesitar la ayuda del ángel del adulto para recibir al

Ángel del Registro de Bonos y aprender este tipo de deber angelical.

Sea sensible para trabajar con estos ángeles y comisione a su (s) ángel (es) a cooperar con los ángeles del Registro de Bonos para el cumplimiento de lo que está en su pergamino.

———— · ————

Capítulo 14
Vías de comunicación

Voy a compartir con usted algunas cosas profundas sobre el dominio angelical: las huestes del Cielo. Existen vías de comunicación entre los ángeles asignados y los que viven en la tierra.

Recuerde que en las Escrituras está escrito que Jesús conocía los pensamientos y la intención del corazón de los hombres. Lo hizo varias veces.[25] En un momento dado, Jesús supo que la gente de la sinagoga planeaba arrojarlo por un precipicio.[26] Ese es un ejemplo. En otro pasaje, Jesús estaba tratando con los fariseos y pudo hablarles con sabiduría porque conocía el pensamiento y la intención de su corazón.[27]

Jesús sabía esta información porque un ángel se lo dijo. Recuerde, Jesús dejó a un lado su gloria y vivió como

---

[25] Mateo 9: 4, 12:25, 15:19, Lucas 5:22, 6:8, 11:17
[26] Lucas 4:29
[27] Mateo 12:25

hombre, en un cuerpo natural mientras estuvo en la tierra. Entonces, ¿cómo sabía Jesús la intención de las personas? Esa información le fue traducida por ángeles.

Esta es una obra de lo angelical. Hacen esto solo con el propósito de la expansión del Reino de Dios y de lo que está siendo escrito de la boca del Padre. Este conjunto de habilidades angelicales es muy valioso para las fuerzas ocultas satánicas y, a menudo, es la razón por la que los ángeles son capturados por dominios de oscuridad.

Los ángeles están destinados y diseñados para trabajar con ustedes, los santos creyentes. Note que dije los santos creyentes. Aquellos que creen que los ángeles pueden traerles mensajes del Reino del Padre, pueden interactuar con el dominio angelical para recibir estos mensajes.

Usted tiene una forma de pensar sobre lo que es un mensaje, pero un mensaje es simplemente una comunicación. Es un punto donde se comparte información.

Los seres del Cielo pueden trasladar esto a los espíritus de los humanos que son santificados y redimidos continuamente por su búsqueda de Jesús y el Reino de Dios. Los mensajes que traen los ángeles van a ser especialmente importantes en los próximos días. Preste atención a estos mensajes. Las fuerzas de las tinieblas están continuamente buscando formas de acceder a esta vía de comunicación para espiar, escuchar o conocer los planes de Jehová. El enemigo quiere acceder a estas comunicaciones para frustrar o espiar el plan de Jehová de bendecir a los santos con Su poder y fuerza, Su bondad y amor, y Sus propósitos redentores.

En los dominios oscuros, el espionaje es una práctica antigua. Las fuerzas de la oscuridad han hecho esto durante mucho, mucho tiempo y se han vuelto expertas en ello. Pero una mayor comprensión sobre la recepción de mensajes de las huestes angelicales está llegando al Cuerpo de Cristo, la Novia, para que pueda operar en conjunto con el Novio.

Si bien es posible que el Novio no esté físicamente presente en el dominio terrenal ahora, Él está presente con Su Novia en los lugares espirituales, donde ha dado acceso para que los santos se unan a Él y realicen negocios en Su nombre.

La información básica que necesita saber es que los ángeles son mensajeros, y ahora están siendo liberados cada vez con más frecuencia desde el Cielo con muchas cosas para compartir.

Los mensajes de los ángeles llegan para el momento. No necesariamente revelan el futuro, porque a medida que usted aprende, *el futuro se está formando*. El Padre cuenta con sus hijos e hijas para formar el futuro con Él.

Es posible que un día usted esté haciendo algo tan simple como cepillarse los dientes y de repente conozca algo nuevo. Solo tiene un conocimiento o ve una conexión. De repente, un punto se conectó a algo sobre lo que necesitaba información y, por lo tanto, la información se deja caer en su espíritu. Ese era un ángel que le traía un mensaje. La razón por la que le digo esto es porque está aprendiendo, está siendo entrenado para no descartar los mensajes de los ángeles que ha estado recibiendo.

Algunos líderes respetados en el cuerpo de Cristo, especialmente en corrientes proféticas o en áreas carismáticas, enseñan que el único que habla con los creyentes (o el único que puede hablar con los creyentes) es el Espíritu Santo, que Él es el único que le trae estos mensajes. El Cielo respeta que usted respete al Espíritu Santo, pero la obra del Espíritu Santo también trabaja con los ángeles. El Espíritu Santo y los ángeles están trabajando juntos en esto, y los mensajes angelicales se están transmitiendo a la tierra con más frecuencia y constancia. El cuerpo de creyentes que entienden este proceso, que buscan y reciben Ángeles Mensajeros son muy pocos; pero es un despertar global y no se limita solo a los Estados Unidos.

Durante una larga temporada, los mensajes se llevaron en forma de sueños, pero en tiempos más recientes, los mensajes llegan más directamente a nuestro espíritu a medida que nuestro espíritu está ganando libertad para recibir. Las enseñanzas de los dominios del Cielo y de los sentidos espirituales que involucran la imaginación están dando una nueva perspectiva para que las personas comprendan para qué sirve su imaginación. Todas estas cosas son útiles en lo que llamamos la vía de comunicación entre humanos y seres angelicales.

Durante mucho tiempo, la iglesia ha estado distraída en la dirección equivocada. Se puso mucho énfasis en vencer a los demonios y la actividad demoníaca, excluyendo a los angelicales, que son un regalo increíble para el Cuerpo de Cristo. La actividad angelical merece nuestro enfoque, porque los ángeles son más numerosos que los demonios, son más poderosos en todos los aspectos y están mucho mejor equipados para lidiar con lo demoníaco que los humanos.

Alineaciones Incorrectas

Algunos humanos en la tierra han elegido dominios de oscuridad y se han alineado con dominios menores para ganar poder en el momento presente. Poco saben de lo que suponen que es un aumento de su poder, es más bien sellar su eternidad. En el mundo usted va a ser consciente de la actividad con la que estas personas se han alineado y mezclado. La actividad de ellos abre portales que permiten a los espíritus oscuros afligir a otros.

Quiero darle una comprensión real nivel jardín de infancia, de cómo funciona la actividad oculta (rituales, hechicería y brujería). Esta abre portales para que entren los espíritus oscuros. Cuando esos espíritus oscuros entran, hacen el trabajo sucio por la persona que está involucrada. Esto es lo que sucedió en Portland, Oregon, en 2020, cuando los disturbios y saqueos se apoderaron de partes de la ciudad. Se abrió un portal oscuro que las fuerzas angelicales están trabajando para cerrar. Una avalancha de espíritus demoníacos y otros seres oscuros han atravesado ese portal. Lo que ha sucedido es que está viendo el resultado de que los espíritus oscuros afligen a la humanidad. Puede saber que esto se hizo intencionalmente y también se ha hecho en otros lugares del mundo con la misma intención.

Pero necesito que sepa que no ha pasado desapercibido para el Cielo, los Consejos del Cielo, el ámbito angelical y las fuerzas de Jehová que pronto acabarán con esto. El Coronavirus y su manipulación sobre la tierra fue una actividad similar. Déjeme darle una advertencia. Esta información no es para bebés. Es carne, no leche.

Cómo saber cuándo su ángel está hablando

Se me ha indicado que camine ligeramente en esta área de divulgación de esta información, porque será evidente en los próximos días. Le he estado sugiriendo que puede tener conversaciones con ángeles, pero es posible que no haya entendido que sus ángeles están conversando con usted. Ese es el punto que quiero iluminar y arrojar luz sobre cómo saber cuándo su ángel le está hablando.

Este conocimiento vendrá a través de su espíritu humano a partir de la percepción de sus sentidos espirituales. Sí, sus sentidos espirituales deben ser entrenados, disciplinados, limpiados y enfocados con la intención y el deseo de uso y ese uso a veces es resistido. Se resiste desde el dominio del alma de una persona, desde la actividad oscura externa, desde las doctrinas de los demonios y desde las mentes que no se han alineado completamente con la mente del Señor, Jesucristo.

Déjeme volver a algo que dije antes. Recuerde que dije que todo esto tiene un propósito, y ese propósito es la expansión de la gloria del Reino en el dominio de la tierra. Se está expandiendo también el territorio del Reino dentro de las personas. No deje que esto le sorprenda, pero también se está expandiendo el dominio del Reino en los lugares celestiales.

Le recuerdo una vez más, lo que escucha de mí es a menudo una porción considerable. No es para los bebés entre ustedes y tienen muchos que aún son bebés. Por lo tanto, se les dio coraje y audacia porque para comer esta comida completa, usted debe participar y recibir la expansión que le da el coraje y la audacia. El coraje y la audacia tienen una actividad que no ha entendido del todo. El aceite del coraje y la audacia, recuerde que es del Cielo. Es el coraje y la audacia del Cielo, no el coraje y la audacia del dominio del alma, y tiene su propio efecto.

Algunas personas escucharon lo que dije recientemente sobre el coraje y la audacia y estimularon sus almas con coraje y audacia. Si bien esto no es malo, puede usarse para el mal y herirá a la gente. Cuando usa la información de su hombre espiritual, junto con el Espíritu Santo, tiene un efecto completamente diferente en la expansión del reino de Dios.

Volvamos a lo básico. Lo básico es que los ángeles de Jehová han sido liberados en mayor número y con más frecuencia para llevar los mensajes a su pueblo. Por muchas razones, como protección, o para abrir nuevas áreas de comprensión en las que los humanos van a caminar. Algunas están trayendo revelación sobre cómo el hombre puede ayudar al hombre. ¿No es esto solo la bondad de Dios?

———— · ————

Capítulo 15
Dispositivos Temporizados

El clima estaba extremadamente ventoso e inestable afuera cuando nos involucramos con el Cielo este jueves. Parecía representativo de la agitación en los Cielos. Estábamos programados para reunirnos con Ezequiel, quien apareció con un reloj de arena en la mano. Tenía algo que quería mostrarnos que era completamente nuevo, por lo que comenzó a explicar lo que representaba el reloj de arena.

Lo que sostenía era un artefacto explosivo temporizado. Satanás tiene su versión de este dispositivo, que siempre está destinado a la destrucción, mientras que el Padre tiene su versión, que está destinada a la destrucción de los dominios de las tinieblas y la expansión del Reino de Dios. No entraré en todos los detalles aquí, pero le proporcionaré un poco de la historia de fondo.

El enemigo tiene múltiples interrupciones planeadas durante el próximo corto tiempo y, como iglesia, debemos ser conscientes y estar listos para liberar el armamento del Cielo para esos eventos con anticipación.

El Cielo dijo esto:

"El Rey conoce una interrupción planeada y desea que los hijos de Su Reino coloquen sus propios dispositivos temporizados contra las fuerzas de la oscuridad y el mal. Este mal no es que la humanidad sea descarriada o engañada. Este mal son las fuerzas espirituales de las tinieblas, los principados y los tronos contra el Reino de Dios en oposición directa contra la Deidad, que han descarriado a muchos ya, y a quienes algunos adoran. El mal es la maldad. Este mal es peor de lo que cree. Es la oscuridad profunda, el mal profundo, el destructor junto con la variedad perversa de dominios: bajo el agua, celestial y otras razas. Su destrucción planeada ha sido temporizada como una interrupción y ahora es el momento de que los hijos de Dios liberen los dispositivos temporizados de Jehová, del Reino de Gloria en el mundo.

En respuesta a la interrupción planeada por el enemigo, el Padre está liberando Sus propios interruptores, Sus propios dispositivos temporizados. Estos dispositivos temporizados son la Gloria del Reino. Esto es una cosa buena. Estos dispositivos temporizados no son para destrucción. Son para la edificación de la iglesia y se liberan como respuesta como si el Padre desafiara al enemigo a usar su dispositivo, porque el Padre luego viene con Su poder abrumador de bondad y gracia y causa Sus movimientos, los movimientos de la iglesia, avivamientos, incluso milagros y cosas por el estilo.

Podemos contar con esta victoria al unirnos al Señor en el aire para liberar Sus dispositivos temporizados, Sus propias armas de dispositivos temporizados. Podemos hacer esto con alegría ya que eso vence la oscuridad con luz.

Los ángeles están reunidos y listos para liberar los dispositivos temporizados del Padre en la tierra y en las regiones espirituales oscuras, pero están esperando la participación de los santos. La iglesia, dos o más santos que se ponen de acuerdo, debe levantarse y liberar oraciones con respecto a esto.

Dos santos pueden ponerse de acuerdo en oración para que los dispositivos temporizados sean colocados mediante actividad de ángeles encubiertos (en modo sigiloso) y que los ubiquen de acuerdo con los mapas del Cielo.

Cuando los santos estén de acuerdo en oración con respecto a esto, los dispositivos temporizados del Señor serán catapultados a las regiones oscuras. Las regiones oscuras son regiones espirituales de oscuridad, son lugares espirituales, no físicos. Los santos deben solicitar que los ángeles catapulten estos dispositivos temporizados del Señor a las regiones oscuras para su efecto dentro del tiempo de la estación y la era para la que fueron creados.

"Te lo advierto. Esto es trabajo para las manos de los ángeles. Este tipo de arma no es algo que siempre está disponible para ustedes. Solo se libera en determinados momentos. Los ángeles saben cuándo está disponible y pueden avisarles cuando lo esté". Por eso, ese día Ezequiel (el ángel de nuestro ministerio) nos informó.

"No es ilimitado. Es por un tiempo. Es como un tiempo dentro de un tiempo. Entonces, hay un momento en el que los ángeles saben que esta arma se libera para que la usen los santos. No es inagotable. Tiene un suministro y cuando se acaba el suministro, se acabó. La iglesia y los miembros de la Novia (la iglesia que ora, que son todos los santos que están de acuerdo en palpar esto), en oración por fe deben liberar a los ángeles para que hagan su trabajo. Esta es un arma del Señor muy especializada y de gran prestigio", dijo el Cielo.

"De los dos métodos de liberación de dispositivos temporizados: (1) Solicitar su liberación en la tierra por las manos de los ángeles, o (2) Catapultar estos dispositivos a los dominios de la oscuridad; ¿se prefiere un método sobre el otro?" preguntamos.

La respuesta del Cielo fue: "Ambos son necesarios. Algunos tendrán más fe en uno que en el otro. Tendrán más comprensión de uno que del otro. Haz la oración que puedas hacer con la mayor fe posible".

El Cielo incluso nos dio la oración a realizar:

Oración por los Dispositivos Temporizados del Rey de Gloria para la distribución mediante las manos de los ángeles solicitados por los santos en oración

Oración 1:

En el nombre del Rey, de acuerdo con las Escrituras que dicen donde dos o más se reúnen en el nombre del Rey de

Gloria, elegimos ahora colaborar con el Cielo desde la tierra con respecto a...

La solicitud de la liberación de los Dispositivos Temporizados del Rey de Gloria para que sean liberados en la Tierra; que sean colocados sigilosamente por las manos de los ángeles de las huestes celestiales para este propósito; que Jehová tenga éxito en la victoria y aplaste al enemigo mediante el despliegue de dispositivos temporizados con sus efectos y resultados esperados.

Alabamos al Señor por su magnífico poder, habilidad y magnánima virtud para vencer las tinieblas, convertir el mal en bien y colocar Su esplendor sobre la faz de la tierra.

Estamos de acuerdo con este trabajo, con la liberación de los ángeles de las huestes celestiales, y con todos los ángeles asociados comprometidos con la asignación a su trabajo, comisionándolos como Hijos de Dios en el nombre de Jesucristo.

Oración 2:

Para desplegar Dispositivos Temporizados en los dominios de la oscuridad:

En el nombre del Rey, de acuerdo con las Escrituras que dicen donde dos o más se reúnen en el nombre del Rey de Gloria, elegimos ahora colaborar con el Cielo desde la tierra con respecto a...

La solicitud de la liberación de Dispositivos Temporizados para ser catapultados a regiones de oscuridad. Estamos de acuerdo con la obra de Jehová, Su amor por los santos, Su amor por Jesús, Su amor por Él *mismo, así como las tres personas de la Trinidad se aman a sí mismas, estamos de acuerdo con esto por la obra de bondad, por la obra de amor, para lograr el resultado del acuerdo en la geografía cósmica que afecta el planeta Tierra. Estamos de acuerdo con Su gobierno, con Su reino en todos los espacios y con la liberación de los ángeles, para que hagan su trabajo de liberar la catapulta que contiene los dispositivos temporizados de la Gloria de Dios.*

Alabamos al Señor por su magnífico poder, habilidad y magnánima virtud para vencer las tinieblas, convertir el mal en bien y colocar Su esplendor sobre la faz de la tierra.

Estamos de acuerdo con este trabajo, con la liberación de los ángeles de las huestes celestiales y con todos los ángeles asociados comprometidos con esta asignación a su trabajo, comisionándolos como Hijos de Dios en el nombre de Jesucristo.

Debemos saber que la verdadera oración viene del Cielo. Algunos piensan que las oraciones nacen en el dominio de su alma. Sin embargo, la voluntad del Padre hoy es que esta oración sea entregada a todos los que tienen fe. El tiempo es importante como clave para la victoria en la batalla.

Algunos de ustedes pensarán que hablo en términos políticos. Les digo claramente que no lo soy. Sin embargo, los resultados de estas tácticas de guerra afectarán a todos los dominios, incluyendo el político.

Resista el espíritu político que está tratando de darle los medios para pensar en términos de política global en todo momento. El mundo se trata de muchas más cosas que el espíritu político. Sin embargo, muchas cosas están ligadas a este y están en juego en esta hora. Sería beneficioso si usted orara en lenguas mientras se prepara para hacer esta oración.

——— · ———

Capítulo 16
Percepciones Angelicales

Ezequiel acababa de aparecer y tenía una apariencia inusualmente brillante. Una vez que apareció, atenuó su apariencia como cuando usted usa un interruptor de atenuación para reducir el brillo de una lámpara.

Ezequiel explicó: "Todos los ángeles pueden hacer esto. Reconocemos que para hablar con la humanidad podemos hacer lo que ustedes llaman "reducir" la gloria. Podemos hacerlo con facilidad. Los ángeles quieren tener una relación con ustedes y hacer estas cosas para permitir la relación".

Continuó: "Has solicitado cosas en mi nombre. El otro lado de eso, es mi trabajo de parte del Rey de Gloria en tu nombre. Es un ciclo de retorno que funciona en conjunto. No lo confundas, que siempre estoy en guerra o batallando. Eso sería un entendimiento incorrecto. Tal como me estás viendo ahora relajado en un estado de relajación en los dominios del Cielo".

Donna preguntó: "Entonces, ¿puedo encontrarme contigo en los dominios del Cielo de esta manera, y luego, en el siguiente segundo, puedo verte de pie allí mismo en mi espacio? Sigo usando los mismos ojos espirituales, pero ahora estás más cerca. Entonces, cuando lo haces sentir, puedo percibir tu presencia aquí en mi oficina, como si estuvieras parado aquí al final de mi escritorio. Realmente puedo decir eso. Entonces, en algún otro punto tú vuelves a los dominios del Cielo, pero todavía te puedo ver como que estás de pie junto al Centro de Asistencia hablándome."

Ezequiel respondió: "Así es como los ángeles entran y salen de tu dominio".

Donna señaló: "Tú estás en un estado superior, pero tú en un estado superior siempre puedes manifestarte en un estado inferior. La nube de testigos también puede hacer eso. Eso es interesante. Me estás dando a entender que esto es algo paralelo".

Ezequiel explicó: "Es paralelo porque puedes percibir cuando el reino del Cielo se cruza o se manifiesta en lo natural. Puedes verlo y sentirlo con diferentes sentidos espirituales. Es lo mismo, pero diferente".

"Ese es un ejercicio interesante que tu ángel se acerque y luego también que ese ángel entre en los dominios del Cielo y tú entres al Cielo para ver al mismo ser a través de Jesús, la puerta. Tu espíritu puede estar en la tierra y en los dominios del Cielo. Puedes participar en ambos sentidos y puedes hacerlo rápidamente", describió Donna.

A medida que continuamos aprendiendo, nos maravillamos de la comprensión que el Cielo nos estaba dando.

———·———

Capítulo 17
Corte de Cuentas

Acabábamos de concluir un trabajo de registro de bonos en nombre de una persona de nuestro personal y la Corte de Reclamación nos instruyó para solicitar una Enmienda de Impuestos contra el enemigo. Este fue un nuevo entendimiento para nosotros y estábamos a punto de obtener una enseñanza. Aquí hay algunos de los diálogos de ese encuentro.

Donna (en la Corte de Reclamación), "Solicito una enmienda para este caso porque el veredicto revela que hemos atrapado a un ladrón. La enmienda es imponer un impuesto al enemigo. Solicito como enmienda a este veredicto en este caso, que se imponga un impuesto al enemigo por haberse involucrado en esta actividad. Lo pido como hija del Dios Altísimo, en el nombre de Jesús".

Ezequiel apareció porque el miembro del personal por el que estábamos en la corte estaba en su esfera y tenía conocimiento de nuestros casos judiciales, nuestras presentaciones en el Cielo y nuestras preguntas sobre cómo poner un impuesto al enemigo.

Comenzó a explicarnos este tema. Cuando un santo o hijo de Dios solicita al Cielo un impuesto sobre el enemigo, esto impone un impuesto al comercio del enemigo. Crea una obligación tributaria por parte del enemigo. Se puede solicitar un impuesto severo. Hay diferentes grados del tipo de impuestos que se pueden solicitar. Pero el llamado Impuesto Severo sobre el comercio del enemigo es básicamente un impedimento para hacer que el enemigo detenga un comercio en particular o para hacerlo cerrar esa ruta comercial porque descubrimos lo que estaba haciendo desde el Reino Superior.

Como creyentes, ustedes tienen autoridad en el nombre de Jesús para poner un impuesto sobre el mal negocio del enemigo. Su comercio no es ilegal, es simplemente maligno. Pueden pedirle al Padre y a Su Reino que exija al enemigo que pague un impuesto severo por ese negocio perverso. Hacer esta solicitud le resalta al enemigo que ustedes conocen su autoridad en Jesús, que el Reino de su Padre es superior y que su tiempo de jugar con ustedes ha terminado.

Ezequiel nos hizo saber que en los próximos días estaríamos aprendiendo más sobre esto, pero nos estaba dando el boceto en miniatura por ahora. Continuó: "Puedes pedir al Padre y, por su bondad, Él puede proporcionar Ángeles Tributarios que lleven a cabo el cumplimiento del impuesto sobre el enemigo".

Explicó la legalidad de cómo funciona esta enmienda. Enviar a su (s) ángel (es) para saquear el campamento del enemigo (esa área que él no está vigilando) es una forma de recuperar lo que el enemigo ha robado, pero obtener la enmienda de impuestos se realiza a través del sistema legal del Cielo (como una orden judicial) es increíblemente eficaz. Se realiza a través de canales diferentes al saqueo. Por lo tanto, no compromete a sus Ángeles Personales y no los quita de su asignación. En cambio, trae otras fuerzas angelicales a la tarea cuando solicita una enmienda de impuestos.

Siempre que esté en la corte, particularmente en la Corte de Reclamación, sea perceptivo al abogado de la corte. Puede recibir asesoramiento para solicitar una enmienda de impuestos contra el enemigo. Si le aconsejan de esa manera, eso le da la autorización para solicitar esa enmienda. Usted querrá hacer eso. Aprender a esperar al abogado de la corte es fundamental para saber si se trata de una medida que se puede aplicar o no.

El Cielo se refiere a ella como una Enmienda de Impuestos. Pone un impuesto sobre el comercio que el enemigo está utilizando, ya que está involucrado en un comercio maligno. El comercio maligno es robo. El comercio maligno es asesinato del carácter. El comercio maligno es robo de información patentada, el robo de almas, el robo de partes del cuerpo, etc. Puede ver dónde están estos casos.

Es difícil de explicar porque pensamos en 3D, pero es el comercio del enemigo, el cual siempre es maligno, pero no es necesariamente un comercio ilegal. Es simplemente un comercio maligno porque no comercia de otra manera. No hay nada bueno en él, ¿verdad?

Lo que le dejamos al Padre es la cuenta de este impuesto. Esa es la obra del Cielo, y hay muchos hombres y mujeres vestidos de lino blanco que asisten a estas funciones de cuentas en el Cielo y requieren que los Ángeles Tributarios hagan su trabajo. Estos ángeles fiscales tienen autoridad para embargar lo que el enemigo ha robado, recogido o acumulado.

Mientras aprende esto, tenga en cuenta que lo está procesando. Su espíritu hombre está vivo y comprende; es su alma la que todavía está procesando.

Es posible que lo dirijan a la Corte de Cuentas que, en forma de visión, parece ser una extensión de un gran edificio. La Corte de Reclamaciones se encuentra en un costado de la Corte de Cuentas. Todos forman parte del edificio de Cuentas Centrales. No es un edificio completamente diferente, pero es una parte separada definida con mucha actividad. El edificio de Cuentas Centrales también tiene un Centro de Asistencia donde puede obtener ayuda o averiguar si tiene un caso, o casos, para los que puede solicitar enmiendas.

Nos acercamos al Centro de Ayuda y pedimos ayuda al asistente. Le explicamos que estábamos aprendiendo de Ezequiel sobre esta corte, y queríamos saber si teníamos casos abiertos al que pudiéramos adjuntar esta enmienda retroactivamente.

Con una serie de preguntas, preguntamos: "¿Funciona para las personas? ¿Funciona para empresas? ¿Cómo funciona todo?"

Un ángel asistente comenzó a explicar que donde estábamos era conocido como el edificio de Cuentas Centrales. Si usted es una empresa o ministerio que ha recibido su Declaración de Comercio, puede obtener esta información en el Departamento Financiero. El ángel explicó que siempre que alguien realiza un trabajo de carácter contable en el Complejo Empresarial, se registra en edificio de Cuentas Centrales. Esto se realiza en segundo plano. Puede conocer la respuesta sobre los casos que necesitan una enmienda en el Departamento Financiero del Complejo Empresarial o en el Centro de Asistencia de Cuentas Centrales. Simplemente pídale al asistente (en cualquier lugar) que le muestre si hay alguna irregularidad contable, entradas o salidas de cuentas pendientes o impuestos del enemigo que usted pueda perseguir judicialmente desde un negocio / ministerio u orientación comercial. Ese asistente podrá ayudarlo.

Si está haciendo esto para familias, individuos, naciones, comunidades y entidades que no son negocios o ministerios, puede preguntar en el Centro de Asistencia de Cuentas Centrales.

Le explicamos que estábamos en la Corte de Reclamación y nos dijeron que pidiéramos una Enmienda de Impuestos sobre un artículo. El edificio de Cuentas Centrales tenía un registro de esa solicitud.

Nuestra pregunta fue: "¿Hay algún impuesto que podríamos imponer sobre el enemigo con carácter retroactivo o no?" (Porque nos acabábamos de enterar de esto).

La respuesta del ángel fue que todo es posible. El ángel explicó que existe una especie de estatuto de limitaciones. Si está yendo demasiado lejos para tratar de imponer un impuesto sobre el enemigo, es posible que no se le permita hacerlo. Al preguntar por qué podría existir un estatuto de limitaciones, el ángel simplemente dijo: "No puedo decirles eso. Algunas cosas aún no están abiertas para todos".

Si nos sentimos impulsados a aplicar un impuesto retroactivo al enemigo, podemos acudir al edificio de Cuentas Centrales y preguntar en el Centro de Asistencia si podemos presentar ese caso. Si es así, seremos conducidos a la Corte de Cuentas para presentar el caso de impuestos contra el enemigo.

El ángel explicó que tendríamos que acostumbrarnos a los matices de esta corte y sus protocolos, lo que significa, entre otras cosas, que estaríamos aprendiendo a esperar el consejo de estas cortes en particular.

En la Corte de Reclamación, debe esperar a que los asistentes le digan qué puede reclamar. No puede simplemente hacer una solicitud de reclamo general. Lo mismo ocurre cuando se persigue un caso judicial retroactivo por impuestos contra el enemigo.

Pidiéndole al ángel un ejemplo fácil que nos guiara a través del proceso, ella comenzó a buscar en carpetas. Ella recuperó una situación reciente con alguien con quien tuvimos una experiencia desagradable, lo que resultó en algunas calumnias y dificultades traídas al ministerio por la obra del mal. Ella recomendó que usemos ese caso como ejemplo.

Donna comenzó, "Padre, pido permiso para ingresar a la Corte de Cuentas en nombre del ministerio LifeSpring International Ministries, en el nombre de Jesús. El Centro de Asistencia me ha dicho que tengo acceso a un caso retroactivo de impuestos contra el enemigo con respecto a un cliente de LifeSpring. Estamos solicitando que se imponga un impuesto al enemigo por ponernos dificultades y calumnias indebidas. Nuestro ruego es que participemos en un comercio justo de buena fe con este cliente y nuestro testimonio es que hemos perdonado a este cliente. Seguimos perdonándola, bendiciéndola y liberándola. Estamos buscando un veredicto de un impuesto retroactivo contra Satanás y su reino con respecto a esto. Te lo pedimos en el nombre de Jesús".

Después de haber hecho nuestra petición, varios ángeles de Cuentas aparecieron y comenzaron a buscar en bases de datos y a apuntar notas. Ellos fueron a verificar nuestra solicitud.

Una vez que verificaron la solicitud, llevaron el papeleo al estrado y esperamos el veredicto.

El veredicto fue luego anunciado por la Corte: "El veredicto es la imposición de impuestos sobre el comercio en los dominios del mal mediante el uso de la voz de una persona para fines malvados". Cuando se nos preguntó si esa era nuestra solicitud, coincidimos. "Solicitamos esto en el nombre de Jesús".

La Corte continuó: "Entonces, dictó en nuestro nombre contra el enemigo. Marcado hoy: 6/11/2020.

Con eso, salimos después de agradecer a la corte, al ángel que nos asistió y a Ezequiel nuestro ángel del ministerio por su tutela. Por supuesto, también dimos gracias al Padre.

Ahora, el Cielo se encargaría de los detalles. Ángeles Tributarios serían liberados para ejecutar la deuda del enemigo de acuerdo con los veredictos de la corte.

Es posible que tenga casos por los cuales desee acceder al edificio de Cuentas Centrales. Cuanto más entienda su autoridad, más entenderá que no hay que dejar que el enemigo le saquee. En lugar de eso, ya usted sabe quién es, a quién pertenece y entiende que el Cielo tiene soluciones. Este impuesto sobre el enemigo es simplemente otro en las muchas soluciones que el Cielo está revelando a los santos.

A los pocos días de nuestro primer trabajo con el Complejo de Cuentas, íbamos a recibir más información sobre este fascinante lugar. La mayoría de nosotros no suele pensar en las cuentas como algo fascinante, ¡pero el Cielo tiene una manera de hacerlo sentir así!

Nos llevaron al Complejo de Cuentas, donde un gran número de ángeles estaban considerablemente ocupados.

Parecían bastante serios en cuanto su trabajo. De manera general, Ezequiel comenzó a compartir algo de las diversas cortes de este complejo. Vimos una puerta que decía Corte de Tabulaciones, una que decía Corte de Restas y otra que decía Corte de Almacén.

Una tenía dispositivos anticuados como ábacos, máquinas de sumar y cajas registradoras, pero también era muy eficiente. La mayoría de los trabajadores aquí eran ángeles. Solo se podían ver unos pocos hombres vestidos de lino blanco, a diferencia de lo que se puede ver en otras cortes.

Todas las cosas se cuentan

Mitchell, un hombre de lino blanco que nos acompañaba, explicó que pensamos en las cuentas en términos de cifras, números y montos monetarios. Eso también es cierto en la Corte de Cuentas, *pero* (necesitará ampliar su pensamiento ahora mismo) también se trata de la contabilidad de palabras, letras (como las del alfabeto), esperanzas y sueños. Esto es un libro de cuentas. Es el conteo del armamento. El Cielo dijo

---

"Todas las cosas tienen una cuenta y se cuentan".

Los tiempos, las estaciones, los calendarios, las actas, las naciones, los grupos de personas, los individuos, las reuniones grandes y pequeñas de personas, todo se cuentan y registran con precisión. El sentido de la cantidad de cosas contadas en el Cielo es difícil de comprender. Incluso se tienen en cuenta las cosas más pequeñas. Sabemos por las Escrituras que se cuentan los cabellos de nuestra cabeza.[28] Podemos haber pensado que era alegórico, pero el Cielo nos lo muestra de manera diferente.

Corte de Prueba

Otra forma de ver la Corte de Cuentas es la Corte de Prueba.[29] Esta corte prueba la Palabra de Dios. Es la contabilidad de la Palabra de Dios en usted y en su dominio, en sus hijos y en los hijos de Dios, en aquellos despiertos, no despiertos y parcialmente despiertos.

Hay tanto que asimilar, que es un poco abrumador. Cada molécula, cada grano de arena, cada partícula de ADN, cada cabello está numerado y registrado en la Corte de Cuentas. Es por eso que el Cielo se refirió a esto como una imagen en miniatura en nuestro encuentro anterior.

El Cielo continuó,

---

[28] Lucas 12:7

[29] No es una corte separada, es simplemente otro nombre aplicable para la Corte de Cuentas debido a la naturaleza de la contabilidad.

*Nada creado existe
que no haya sido contado.*

*Y todas las cosas que no han existido, o
que aún no han sido creadas, también
se han contado.*

Corte de Cuentas
de las Obras de las Tinieblas

Una extensión de este complejo está presente y sigue el rastro de la oscuridad. Esta corte cuenta la paga del pecado. Cuenta la iniquidad de las naciones. Cuenta las mentiras del engañador, las ideas y la gloria robadas como en la idolatría. Esto es lo que vio Daniel y lo que Juan vio y registró en Apocalipsis. Juan entró en la Corte de Cuentas de las Obras de las Tinieblas.

Notamos que hay ángeles centinelas[30] en este pasillo. Esta es una parte muy protegida. Los ángeles que van y vienen de esta área se ven diferentes a los de las otras áreas. Son mucho más guerreros y de hecho, portan armas.

---

[30] Los ángeles centinelas vigilan lugares específicos.

Corte de Cuentas de las Palabras de los Santos

La Corte de Cuentas de las Palabras de los Santos fue una extensión más agradable de descubrir. Este departamento realiza un seguimiento de las palabras pronunciadas de acuerdo con el Rey, en Su nombre y en Su Decreto Real. Esta sección de cuentas también registra los pensamientos e intenciones de cada corazón que está alineado con la voluntad de Dios, pero no *sólo con* la voluntad de Dios. También incluye la perfección exacta de su soberanía.

Se nos dijo que esta es una habitación desde la eternidad hasta la eternidad, como lo es la mayor parte del Cielo. Nos preguntaron: "¿Sienten la vibración palpable de la Palabra, aunque no escuchen ninguna palabra?"

Donna describió lo que estaba sintiendo, "Sí. Se siente como la fuerza de un acuerdo. Es profundamente poderoso. Es casi como un terremoto y la voz de muchas aguas, como algo que uno pensaría que tendría el poder de un tsunami". Algunas de las que llamamos palabras son la intención del corazón y la intención de la voluntad que se alinean con la soberanía del Rey. Ni siquiera han nacido en lo verbal en el ámbito físico pero en esencia, están esperando su nacimiento.

El Cielo dijo: "Puedes decirle a la familia de Dios que aquí también se cuenta su idioma de oración, así como toda la profecía, es decir, la verdadera profecía.

Todos los pensamientos e intenciones del corazón que son de fe y una pureza de justicia en creer en el poder y la posición de Jehová, todos estos son contados aquí.

Dile a la familia de Dios, abran sus bocas, abran sus bocas, abran sus bocas y estén de acuerdo con Dios".

Muchos aún no saben entender el poder de la palabra hablada. Instruya a la Novia a liberar este poder a través de:

- el poder de las Escrituras habladas, orar verbalmente en voz alta las Escrituras,

- la liberación verbal de hablar en lenguas,

- la liberación verbal de la bendición de Jehová para ordenar todas las cosas según la soberanía Dios.

Muchos están esperando que la Novia comience a operar con esta autoridad verbal. Se asigna a muchos hombres y mujeres vestidos de lino blanco para que velen por esto. A muchos ángeles se les asigna el registro de estas cosas porque estos comunicados verbales llenan el corazón de Dios, llenan Su placer y se deleita en Su creación. Cumplen con Su propósito y con muchas cosas intangibles. Todos están contados aquí en el Complejo de Cuentas del Cielo.

El Cielo nos desafió a tratar de contar cada hoja que cayera en un día en otoño en todo el planeta. Ni siquiera podríamos hacer eso en solo una parte de nuestro jardín.

El Cielo nos recuerda:

Nada pasa desapercibido.

El Cielo dijo: "Recuérdale a la familia de Dios que nada pasa desapercibido."

Mientras nos maravillábamos de la inmensidad de los procesos contables del Cielo, Ezequiel nos recordó que todavía hay más que no hemos visto. Él exclamó: "¡Ni siquiera les he mostrado la Cuentas de la Corte de Alabanza!"

Equilibrio

Una de las funciones de las cuentas que tienen lugar en el Cielo es también el equilibrio. Hay mucho equilibrio en el Cielo. Las cosas están siendo pesadas, vistas y consideradas para equilibrarlas con el Rey de Gloria y su Reino. Estas cosas están relacionadas con la soberanía de Dios y que Él se ha entregado al disfrute de la humanidad y de lo que ha creado.

El Cielo explicó: "Cuando les digo, "balances y cosas en equilibrio", la mayor parte de la civilización occidental tiene una connotación negativa de este pensamiento, como si se estuviera calculando un déficit. El Cielo desea que tengan un nuevo pensamiento en lugar de eso. El Cielo quiere que comprendan que Jehová se deleita en el equilibrio que ha existido, que existe y que vendrá. Son los tres tiempos: lo que ha sido, lo que es y lo que será, y el resultado siempre es la perfección".

Eso nació de la propia perfección del Padre, por lo tanto, la visión de las balanzas, los pesos y las cosas que se están considerando para ver si están en equilibrio siempre puede proceder a través de la esperanza porque...

La esperanza siempre gana
y la esperanza le llevará
al punto de vista de la victoria.

Eso es lo que le voy a dejar hoy: el punto de vista de la victoria que la esperanza le dará, porque la esperanza del Cielo dentro de los hijos de Dios traerá la gloria soberana deseada.

Capítulo 18
Perspectivas

Habíamos tenido dificultades con nuestra conexión a Internet este día en particular, pero no nos detuvimos en trabajar con el Cielo. Le preguntamos a Ezequiel si quería hablar sobre algo más en esta visita, y él comenzó, "Has escuchado que los ángeles son poderosos y grandes y nosotros lo somos, sin embargo, no te revelamos este poder a ti como lo revelamos a los enemigos de tu alma, y especialmente a Satanás, como enemigo derrotado". "Damos la bienvenida a tu fe en nuestro poder, fuerza y capacidad", el Cielo explicó.

El Poder de los Ángeles

La fe de ustedes nos hace más fuertes y fortalece efectivamente nuestra relación también. La fe en nuestra capacidad para cumplir con nuestras asignaciones en sus nombres es útil y está bien que crean más en nuestro poder, porque somos grandes y poderosos.

A menudo no nos revelamos a ustedes de esta manera, pero déjenme decirles que el enemigo sabe cuándo llegamos a la escena. El Cielo nos animó a compartir con ustedes, para que puedan ver a sus ángeles, o a los ángeles de sus negocios, y los ángeles se están presentando ante ustedes de cierta manera. Es lo mismo como ustedes, que se presentan en el trabajo de manera diferente a como lo hacen con sus amigos cercanos. Recuerden esto.

Ezequiel tenía algunas solicitudes para nosotros ese día, pero una de las solicitudes fue inusual. Solicitó un Campamento Militar.

Cuando se le pidió que nos explicara esto, aceptó. A medida que sus filas crecen y nuestro ministerio crece, él recibe refuerzos, es decir, más ángeles para ayudarlo. Necesita un lugar para que estos ángeles se reúnan, y este es un lugar espiritual llamado Campamento Militar. Quería que supiéramos que este sería su segundo campamento. Explicó que cuando llega el respaldo, este campamento es donde esos ángeles obtienen provisiones, reciben sus órdenes y se comunican.

Continuó explicando que había recibido un reconocimiento del Padre por el buen trabajo realizado y siempre aprecia cuando ve crecer nuestro ministerio porque él también obtiene un territorio expandido. Esto lo hace feliz. También lo mantiene ocupado.

Este crecimiento de nuestro ministerio es una de las razones del nuevo campamento militar. Ezequiel también nos pidió que notáramos que se toma en serio su deber. En ese momento, le pedimos al Padre el Campamento

Militar que necesitaba Ezequiel. También hicimos hincapié en recomendarlo al Padre por su trabajo bien hecho. Le recomendamos a usted que haga lo mismo periódicamente con su (s) ángel (es).

Ezequiel estaba complacido y honrado de haber recibido la expansión, ya que también incluyó una expansión de sus deberes y su supervisión. Explicó que los ángeles disfrutan del aumento, disfrutan del aumento de rango, de nivel y de expansión. Cuanto más ocupados están, mayor es su deber dentro de su dominio. Tener la supervisión de estas cosas es placentero para los ángeles porque tienen asignaciones del Padre que están ansiosos por cumplir. Lo peor para un ángel es tener una asignación, pero siempre ser obstaculizado por sus contrapartes humanas, ya sea por ignorancia humana, pecado o el ser humano distraído persiguiendo cosas malas. Explicó que sus compañeros ángeles reconocen su actividad, su deber y su supervisión ampliada debido a cómo lo estamos involucrando. Señaló que los ángeles no se ponen celosos, pero sí reconocen cuándo están siendo utilizados y cuándo se está construyendo la relación con su ser humano.

Trabajar con nuestros ángeles fue una lección definitiva ese día. Los ángeles de Dios del reino sobrenatural harán de cualquier evento un evento sobrenatural. Colocarán cosas sobrenaturales que no podríamos hacer en nuestra dimensión a través de nuestro trabajo con nuestro ángel. Algunas cosas no pueden suceder porque somos limitados. Solo estamos operando desde lo natural, pero cuando colaboramos con los ángeles, ellos operan desde la dimensión superior de lo sobrenatural y representarán cosas que se manifiestan en lo natural que parecen imposibles.

Provisión

A medida que continuamos, pedimos claridad sobre un tema. Le pedimos a Ezequiel que nos ayudara a definir el aspecto de la provisión de nuestra relación con el Padre.

Ezequiel explicó que si bien a menudo él viene y pide cosas particulares que podamos solicitar al Padre en su nombre, el Cielo lo provee y reabastece continuamente, como un ángel asignado a las filas. Esto es cierto para todos los ángeles.

Continuó: "Nuestro aumento proviene del elogio de ustedes, pero también se produce cuando solicitan cosas especiales para nosotros. Por favor, comprendan que esto no significa que siempre necesitemos que pidan en nuestro nombre, porque el Padre Celestial nos ha provisto bien para nuestras tareas y lo que necesitamos. Sin embargo, las peticiones habladas por ustedes en nuestro nombre hacen que el Padre actúe. A veces, la sugerencia de ustedes sobre cuándo hacer una cosa o qué hacer es necesaria. Por ejemplo, cuando nos ordenan que vayamos y pongamos un demonio en cadenas, o cuando nos ordenan que les ayudemos en lo invisible con algo en particular. Siempre estamos interesados en hacer eso porque esto nos incluye en lo que están percibiendo por el Espíritu del Señor. Eso completa un circuito de acuerdos, porque siempre estamos de acuerdo con lo que dice el Padre.

Por esta razón, es posible que no sientan que su ángel necesita mucha provisión hoy, a pesar que puede haber estado involucrado en todo tipo de actividad". Ezequiel dijo: "Donde el Cielo ve un déficit, el Cielo llena el déficit de las filas angelicales".

Él dice: "No me malinterpreten. Si dejan de hacer lo que han estado aprendiendo, notaremos una falta de compromiso por nuestra parte y podríamos sentirnos algo decepcionados. Tenemos emociones sobre estas cosas, pero nuestras emociones son diferentes a las emociones de la humanidad en la tierra de Dios. Nuestras emociones están mucho más en consonancia con la actividad del Cielo y sus dominios. Sin embargo, lo hacemos, experimentamos emociones".

Él dice: "Recuerden, estoy usando un lenguaje que pueden entender, pero a menudo nos sentimos agraviados o maltratados por las acciones de la humanidad. Esto ha hecho que los ángeles se extravíen entre nosotros y ha provocado una ruptura dentro de nuestras filas. Sin embargo, nuestro propósito al ayudarles siempre es ayudado por su ayuda, y esta colaboración mutua es lo que todos esperamos hacer para lograr la obra del Reino. El Padre ha aumentado Su gloria y la manifestación de Su nombre, y esto solo aumentará en los días venideros. Estén preparados. Este trabajo conjunto solo aumentará en los próximos días. Hay algunas cosas en el pasado que permanecerán en el pasado, pero hay muchas cosas en el futuro que son completamente nuevas. El pasado está proporcionando un punto de partida para lo nuevo".

"Ahora", dice, "te voy a pedir una nueva arma, porque quiero que sepas que tengo esta arma, es un rifle inteligente. Podrías llamarlo un arma inteligente. Está equipado con láser para los dominios de la oscuridad y nos ayuda a saquear, liberar, recuperar el territorio que ha sido robado por la oscuridad y garantizar que se recupere el nuevo territorio. Puedes tomar esto al pie de la letra. Algunas cosas no son necesarias que las entiendas porque realmente no hay una ecuación que se pueda usar para su comprensión".

Donna me dijo: "Ron, Ezequiel es plenamente consciente de lo que tiene que hacer, pero disfruta cuando lo llamas para que patrulle".

Ezequiel dice: "¿No les parece interesante que hoy pudiéramos decirles que hubo una brecha en el dominio para que las comunicaciones fueran destruidas, y la manera en que se manifestó en su dominio fue un problema de Internet, un completo desastre?" Ezequiel también explicó que el aumento de las citas "no presentado", los problemas con las zonas horarias y las personas que tienen problemas para conectarse para sus sesiones simplemente parecían una ráfaga de agravios; sin embargo, como explicó, todos estaban conectados. Las cosas que suceden en el ámbito espiritual se manifiestan en el ámbito terrenal.

El propósito de las solicitudes en nombre de nuestro ángel es que crea una colaboración con el Cielo por parte nuestra. Si simplemente asumiéramos que toda provisión sería hecha automáticamente por el Cielo, podríamos perder valiosas oportunidades de relacionarnos con el Cielo y colaborar con aquellos que colaboran con nosotros.

Ezequiel en el envío de representantes

Debido a que hemos hablado de Ezequiel tan abiertamente con tanta gente, hemos descubierto que algunas personas fuera de nuestra jerarquía organizativa formal se toman la libertad de intentar conectarse con él. Están preguntando por Ezequiel, o están tratando de poner a Ezequiel a trabajar, así que le preguntamos sobre esto.

Ezequiel dijo: "Cubro muchas cosas. Su gente necesita saber que a menudo, cuando me llaman, yo no voy a ellos. Envío a alguien de mis filas. Tengo muchos que me responden. Recuerda al Centurión y a Jesús,[31] mientras discutían lo que lograría la fe. El Centurión explicó que cuando le hablaba a un siervo que debía venir, el siervo venía y si le decía a un siervo que se fuera, se iba. Sobre la misma base, Jesús pronunció la palabra y llegó la sanidad. La fe fue un siervo y la fe cumplió la asignación que se le dio. Jesús estaba utilizando los ejércitos del Cielo. Una forma en que puedes entender esto es mirar a los ejércitos terrenales y recordar que cuando necesitan al general, a menudo no viene el general en sí, sino su representante,

---

[31] Mateo 8:5-13

quien tiene la autoridad que el general le ha delegado. Entonces, debes compartir con tu gente que tengo una asignación estricta. Soy consciente de mis dominios de autoridad, pero también soy consciente de aquellos que responden a mi autoridad dentro de las filas angelicales. A menudo, los enviaré en una asignación a los que me llaman cerca, pero no soy yo el que va".

Ezequiel continuó: "Necesitan comprender los rangos de los ángeles. No necesitan pensar en los ángeles como mitos o cuentos de hadas. Necesitan pensar y moverse como santos que maduran desde su espíritu. Su espíritu percibirá de manera diferente".

"Hay algunos que todavía están operando de manera inmadura", explicó, "sin embargo, se están moviendo en los dominios del Cielo. No me arrepiento de esto, pero les hago saber que algunos están compartiendo inconsistencias entre ellos detrás de escena cuando no están con ustedes. Están diciendo cosas como, 'Vi a Ezequiel' y 'Ezequiel me dijo esto', o 'Ezequiel vino aquí por mí'". Ezequiel explicó diciendo: "Esto es simplemente incorrecto. Vengo a dejar las cosas claras para que puedan compartir, directamente desde Ezequiel, que yo me envío a mí mismo a donde necesito ir en función de mis asignaciones. Envío representantes de mis filas donde se necesitan y cuando se necesitan. Pensar que soy yo quien aparece en su espacio es una prueba de inmadurez. Simplemente no es así como funciona".

Completando su discurso, Ezequiel dijo: "Necesito que entiendan. No me importa que sean inmaduros. ¿Ves que, desde los dominios del Cielo, comprendemos tu patrón de crecimiento y comprendemos tu madurez y los niveles por los que atraviesas en esto?, pero hay un punto en el que esto debe ser expresado claramente, así que vine a decirte esto hoy."

Hemos notado que el Cielo a veces será bastante directo. Cuando sea necesario decir algo claramente, así será. Así es como el Cielo hace las cosas.

El Efecto de Supercarga

Cuando los ángeles llegan a una escena, su presencia crea una supercarga de lo que está ocurriendo. Este efecto de supercarga que traen los ángeles es uno que usted querrá explorar. Cuando se invita a los ángeles a una situación, esencialmente supercargan a la persona con lo que ha faltado en la vida de ellas. Esto es particularmente evidente cuando la persona ha tenido un déficit severo en un ámbito de su vida y se ha sentido como si no tuviera opciones.

Este efecto de supercarga, nos recordó el Cielo, es lo que escuchamos compartir a uno de nuestros asistentes en una sesión del martes por la noche sobre la joven que le pidió a su ángel que se acercara y pudo sentir una diferencia inmediata dentro de ella. El ángel no hizo nada más que acercarse a la joven y la energía (la fe) que llevaba el asistente al creer que si la joven preguntaba, su ángel se acercaría y precipitaría la aparición de su ángel sobrepasó cualquier sentimiento de miedo que prevaleciera en la joven.

Por lo tanto, ocurre con el efecto supercarga: si alguien está dominado por el caos o la confusión, cuando su ángel es llamado a acercarse, trae la paz destinada a superar cualquier confusión. Una persona puede solicitar (para sí misma o para otra persona) que un ángel le traiga lo que le falta a esa persona. La solicitud se hace al Padre, pero el ángel es el mensajero para entregar la solicitud.

Muchas veces, no hemos entendido o utilizado esta poderosa dinámica y hemos tenido escasez como resultado. Piense en cuando la iglesia primitiva carecía de valentía o quería un aumento de la valentía. No fue tanto que el Espíritu Santo fuera liberado para traer la valentía; sino que los ángeles se convirtieron en los mensajeros de la liberación de la valentía.

Para Jesús, el Espíritu Santo no moraba en Él en el momento de Su ministerio sobre la tierra porque en ese momento el Espíritu Santo estaba en el Cielo. El sistema de entrega de los mensajes que recibió fueron las huestes angelicales que se le asignaron para ese propósito. La voz que escuchó eran ángeles. Es posible que estuvieran hablando lo que el Padre les había dicho que le transmitieran, porque Él había dejado su divinidad en ese momento. No estaba obrando desde la divinidad sino desde la humanidad. Cuando el Padre hablaba, a veces le hablaba en voz alta a Jesús, y en otras ocasiones a través de ángeles.

La Resonancia de los Ángeles

La resonancia de los ángeles (un resultado de su frecuencia) está diseñada para traer paz a su cuerpo humano. A menudo usted lee acerca de grupos de personas que escuchan un coro de ángeles mientras todos adoran juntos. No son solo ángeles los que están escuchando. Ellos también están escuchando coros del Cielo formados por hombres y mujeres de lino blanco. Su sonido es bastante espectacular.

Donde tenga desafinamiento en su cuerpo, invite a su ángel a ponerlo en armonía con el Cielo. Muchos han trabajado con frecuencias y han encontrado todo tipo de soluciones, pero la solución más simple es permitir que su ángel, que ya está en sintonía con las frecuencias del Cielo, libere las frecuencias del Cielo en usted.

Posturas Ofensivas y Defensivas

Habíamos notado un ligero descenso en las conexiones con las personas para sesiones, productos y cosas por el estilo. Pedimos algunas ideas al respecto y Ezequiel nos ayudó.

Explicó: "Debes recordar que la batalla es tanto ofensiva como defensiva. Por lo tanto, pónganme a mí y a mis filas a cargo con acciones tanto ofensivas como defensivas."

Así es como se ve. Sus filas pueden hacer cambiar de opinión a los que no fueron asignados por el comandante

(Jesús, el Rey) para promover el ministerio, es decir, nuestros servicios. Ezequiel y sus filas saben quiénes pueden y quiénes se beneficiarán mejor de nuestro trabajo con ellos. Conoce a los que serán una distracción. Una distracción es un tipo de robo. Saben la diferencia entre los que serán una distracción y los que serán atendidos. Ezequiel quiere que se le haga responsable de que el ministerio produzca fruto para el reino de Dios.

Ezequiel continuó: "Encárgame que coseche el fruto para ti y que elimine a los que no puedan obtener fruto de ti. Existen otros ministerios y se les asignan ciertos clientes; esos clientes no deben acudir a ti. Tú querrás que me encargue de reunir a aquellos a quienes debes servir y a los que se convertirán en fruto de este ministerio debido a nuestro oficio. No querrás perder tu tiempo ni el de ellos. Está bien saber que no todos se beneficiarán de tu comercio porque necesitan otra expresión de un comercio, sin embargo, algunos clientes están destinados para ti y serán el fruto que quede. Ponme a cargo de reunir a las personas que están ordenadas para trabajar con tu ministerio. Algunos no serán servidos por tu programa y no serán tu fruto, porque el fruto de este ministerio es fruto para el reino".

Inmediatamente le emitimos el siguiente cargo:

En el nombre de Jesús, encomendamos a Ezequiel, a sus comandantes y a sus filas reunir para el ministerio LifeSpring International Ministries a esos clientes para las sesiones de negocios, las sesiones personales, la compra de libros y las compras de membresía que traerán frutos para este ministerio, una gran cosecha que será fruto para el Rey y el Reino. Les encomendamos hacer esto de manera ofensiva y defensiva. Les pedimos que eviten promover nuestro oficio a los que serían una distracción como clientes y a los que no darían frutos para este ministerio. Les pedimos que los hagan cambiar de opinión, porque el Padre no los ha asignado para participar en nuestro ministerio. Les encomendamos esto en el nombre de Jesús.

Notamos que estaba presente un Ángel Escriba que estaba escribiendo todo eso y sentimos que habíamos aprendido otra clave para el crecimiento exitoso del ministerio. Siempre que vea oraciones y solicitudes como la oración en cursiva que ha visto hasta ahora, simplemente ajústela a su situación, ya sea personal, ministerial o empresarial.

Más sobre el saqueo

Preguntamos: "¿Hay más solicitudes relacionadas con el saqueo del campamento enemigo?"

Ezequiel explicó: "Con esta (la de arriba en cursiva) de recolectar y disuadir, ya es una asociación implícita al saqueo. Donde los ángeles necesiten saquear, saquearán.

Los ángeles siempre están dispuestos a escuchar la orden de saquear el campamento enemigo.

La justicia del reino del Padre también incluye aquellos tesoros que han dejado otros que no los recogieron y los guardaron en sus almacenes. No soltaron a sus ángeles para saquear y traer el botín. Se ha dejado mucho en el campo de batalla, y los ángeles no pueden tocarlo hasta que los creyentes pidan que los ángeles vayan y obtengan lo que otros ministerios u otras personas dejaron atrás. Es fruto dejado en el campo de batalla y pertenece al Rey Jesús".

Con eso, le dimos una orden:

"Te encomendamos, Ezequiel, en el nombre de Jesús, que vayas a recoger el botín de la batalla y lo lleves al almacén del ministerio".

Explicó: "Gran parte de su botín involucra a lectores y / o compradores de libros. Sus corazones tienen hambre, pero su hambre de la verdad y la justicia aún no ha sido saciada".

Una vez más, con eso en mente, ordenamos a Ezequiel:

"Te encomendamos que cambies esa hambre por lo que recogimos en el almacén en el nombre de Jesús".

Ezequiel continuó: "Es como ver una batalla entre los ejércitos victoriosos del Señor y el enemigo. Una vez que se sale del campo de batalla, se deja un tesoro en el campo de batalla y los ángeles aún no han sido liberados para recoger".

Él nos animó y le animamos a usted a que se una a nosotros y diga: "¡Recojan! ¡Sí, saquen y recojan!"

Capítulo 19
Conclusión

Usted nunca podrá volver al recipiente del mismo tamaño en el que estaba antes de leer este libro. Es posible que se haya sentido intrigado, desafiado, fortalecido, animado o cualquier otra cosa al leerlo e incluso puede estar luchando por reconciliar lo que ha leído en estas páginas con lo que le han enseñado en la iglesia o con su propia cosmovisión. Comprenda que el Cielo simplemente se está acercando a usted, para llevarlo a dominios más completos de comprensión y cercanía con el Padre.

Francois Du Toit en su traducción de Hebreos 1:14 dice esto: "¿Qué papel juegan los mensajeros celestiales en la estrategia de Dios? Todos son empleados por Dios en el ministerio profético-apostólico del Espíritu para ayudar a administrar la herencia de salvación que pertenece a la humanidad.[32]

---

[32] La Biblia Versión The Mirror (Du Toit)

Eso resume bastante bien lo que hemos compartido en este libro. Es nuestra oración que usted reciba la impartición de vida que reside en este libro, y que comience a relacionarse con sus Ángeles Personales a diario, que reciba a los Ángeles Mensajeros que le son enviados y que entre en niveles de fe completamente nuevos en su caminar con el Padre.

Deje que la revelación siga teniendo un impacto en su vida. Cambie y conviértase en un recipiente de cambio a un nivel completamente nuevo. Que sea bendecido con una comprensión más rica y completa de la bondad del Padre en su vida.

———— · ————

Apéndice A

Cómo acceder a los Dominios del Cielo

Un privilegio tremendo que compartimos durante este tiempo en la historia es la capacidad de acceder a los dominios del Cielo con facilidad.[33] A muchos de nosotros se nos enseñó que el Cielo es solo para después de la muerte. El Cielo *es* un destino final en nuestro viaje, pero también puede ser una parte vital de ese viaje.

Lo que voy a compartir es crucial para progresar dentro de las distintas Cortes del Cielo. Podemos acceder a la Corte de Misericordia (vea el capítulo siguiente) mientras estamos firmemente plantados aquí en la tierra, pero para maximizar nuestros esfuerzos en las Cortes del Cielo, necesitamos aprender a operar DESDE el Cielo.

---

[33] De *Cómo proceder en las Cortes del Cielo* por el Dr. Ron M. Horner Copyright © 2018 Todos los derechos reservados.

Cuando enseño sobre el acceso a los dominios del Cielo, a menudo señalo algunos hechos simples. Si usted me dijera que es ciudadano de una ciudad en particular, pero podría contarme poco sobre la ciudad por su experiencia personal, tendré la tendencia a dudar de la autenticidad de su ciudadanía. Soy ciudadano de una pequeña ciudad en el centro de Carolina del Norte. Estoy familiarizado con la ubicación del ayuntamiento, la estación de policía, el hospital, la Corte del condado local, el Departamento del Sheriff y mucho más. Sé dónde se llevarán a cabo muchos eventos deportivos. Sé dónde están los parques. Conozco muchas de las tiendas y restaurantes. Conozco esta pequeña ciudad. Sin embargo, si le preguntara al creyente promedio qué pueden describir del Cielo por experiencia personal, la respuesta probablemente sería "Nada". No tienen una experiencia personal del Cielo que me puedan relatar. No tiene por qué ser así.

En Mateo 3, Jesús nos informó que el Reino de los Cielos estaba cerca. Podríamos decir, "el Reino de los Cielos está tan cerca como tu mano." Mantenga su mano frente a su nariz lo más cerca que pueda. No se toque la nariz. El Cielo está más cerca de usted que eso. No está lejos, muy lejos, en el Cielo. No es "más allá" como describen algunos himnos antiguos. Es una realidad muy presente separada de nosotros por una membrana muy delgada, y podemos acceder a ella por fe. Es muy sencillo.

Cuando Jesús fue bautizado en el río Jordán, al salir del agua, INMEDIATAMENTE se abrieron los Cielos. Él vio (una paloma) y escuchó (una voz que venía del Cielo). Este único acto de Jesús restauró nuestra capacidad de acceder al Cielo. Podemos experimentar cielos abiertos sobre nuestras vidas. No tenemos que esperar. ¡Podemos vivir conscientes del reino del Cielo y vivir fuera de esa realidad!

Todo lo que hacemos como creyentes debemos hacerlo por fe. El acceso a los dominios del Cielo se realiza de la misma manera. Los actos proféticos pueden crearnos realidades, y esto es lo mismo. Puede visualizar fácilmente el paso de una habitación a otra. Es como pasar de un lugar a otro. Para aprender a acceder a los dominios del Cielo, seguirá el mismo patrón.

Levántese de donde está ahora y prepárese para trabajar conmigo. ¡Puede experimentar los dominios del Cielo ahora mismo! No tiene que esperar hasta estar en una caja larga en la funeraria local o llenar una urna. ¡Puede experimentar el Cielo mientras está vivo! Recuerde, entramos al Reino como niños.

Cómo acceder al Cielo

Tranquilícese. Apague los ruidos de fondo que distraen, si es posible. Prepárese para relajarse y concentrarse. Ahora, diga esto conmigo:

Padre, me gustaría tener acceso a los dominios del Cielo hoy, así que ahora mismo, por fe, doy un paso hacia los dominios del Cielo.

Mientras dice eso, cierre los ojos y dé un paso adelante. A medida que avanza, imagine que va de un lugar a otro en un solo paso. Una vez que lo haya hecho, preste atención a lo que ve y oye. Puede ver luces muy brillantes, se puede ver un río, una escena pastoral, un jardín, cualquier número de cosas. En este momento, está experimentando el sabor del Cielo. Notará la paz que impregna la atmósfera del Cielo. Puede que note que el aire parece eléctrico de vida. Los testimonios que he escuchado son siempre asombrosos y hermosos de escuchar.

Ahora pase unos minutos en este lugar. Recuerde, Jesús dijo que para entrar al Reino, debe venir como un niño. A menudo entreno a la gente para que se imagine a sí mismo como un niño de 8 años viendo lo que está viendo. ¿Qué haría un niño de 8 años? Él o ella sería inquisitivo y preguntaría: "¿Qué es esto? ¿Qué hace eso? ¿A dónde va eso? ¿Puedo ir aquí?" Si un niño viera un río o un lago, ¿qué querría hacer ese niño? La mayoría querría saltar al agua.

La variedad es infinita. ¡Los colores son asombrosos! Los sonidos son tan hermosos. Puede aprender a hacer esto de forma regular. Cuando accede a los dominios del Cielo, está en casa. Usted fue hecho para experimentar la belleza que es el Cielo.

La razón por la que es importante aprender a acceder a los dominios del Cielo es que gran parte de lo que hacemos en los cortes del Cielo debe hacerse DESDE el Cielo. Necesitamos aprender a involucrarnos en el Cielo y trabajar desde él.

Ver versus Conocer

Mucha gente me dice que no puede "ver" visualmente en el espíritu. A menudo, están descontando la capacidad que tienen. Pueden estar descontando a su "conocedor". Cada creyente tiene un "conocedor" trabajando dentro de ellos. Este "conocedor", que es el Espíritu Santo que actúa en su interior, ayuda a percibir las cosas. Ya sea que algo sea bueno o malo, Él trabaja para guiarle más de lo que usted imagina.

La mayoría de los submarinos de la marina tienen un dispositivo conocido como sonar. El sonar le da a un submarino "ojos" para ver lo que hay en su alrededor. Pueden detectar cuál es el objeto mediante el ping emitido por el sonar. Pueden determinar la distancia al objeto y si se trata de otro submarino. Incluso pueden identificar qué clase de submarino podría ser. El sonar tiene un valor incalculable en este entorno en el que una cámara de video sería bastante inútil bajo el agua.

El ejército tiene un dispositivo similar para situaciones aéreas conocido como radar. Funciona de la misma forma que el sonar. Si un piloto estuviera volando a través de una espesa capa de nubes, necesitaría saber qué hay en su camino. El radar se convierte en sus ojos.

Algunas personas funcionan visualmente. A menudo ven lo que equivale a fotografías o imágenes de video cuando "ven" en el espíritu. Pueden ver más detalles. Sin embargo, uno que opera desde su "conocedor" (su radar espiritual o sonar) puede ser tan eficaz como un vidente.

Si opera más como un sonar o un radar, no descarte lo que "ve" de esa manera. Así es como funciono y he estado haciendo este tipo de trabajo durante muchos años.

A menudo puedo detectar dónde está un ángel en la habitación (o si es uno de los hombres o mujeres de lino blanco y no un ángel). A menudo puedo detectar cuántos están presentes y si tienen algo que dar a alguien. Puedo detectar cualquier cantidad de cosas y, aunque no es "visual", sigue siendo una forma de "ver". Le tranquilizará comprender que operar con su "conocedor" es tan válido como cualquier otro tipo de visión. Le ayudará a darse cuenta que ha estado viendo mucho más de lo que cree y es posible que sepa mucho más que algunos que solo ven.

Factores que dificultan el Ver o el Oír

Cuando alguien me dice que tiene problemas para ver u oír en el reino del espíritu, he encontrado una causa común para gran parte del problema. La mayoría de nosotros tenemos algo de masonería en nuestro trasfondo. Como parte de los juramentos y ceremonias de la masonería, uno hace un pacto con sus ojos de no poder ver espiritualmente. Simbolizan esto con el acto de ponerse el engaño (o la venda de los ojos) en las primeras ceremonias de iniciación. Están haciendo un pacto de ser espiritualmente ciegos. Si no hicieran este tipo de pacto en las primeras etapas de la masonería, podrían ver la oscuridad en la que se están involucrando.

La persona necesita que los veredictos falsos que empoderan a la Masonería sean anulados en sus vidas. Recomiendo mi libro, *Cómo anular los Falsos Veredictos de la Masonería*. He encontrado una correlación entre la Masonería y la incapacidad de ver u oír espiritualmente alrededor del 90% de las veces.

La segunda situación que he encontrado es la de las personas que han hecho un pacto con sus ojos para no ver. Por lo general, este es el resultado de haber estado asustados antes en sus vidas cuando vieron algo espiritualmente. Esto puede suceder particularmente con un niño pequeño que puede ver algo en un sueño o visión, y lo asusta tanto que le cierra la vista o el oído.

La resolución para esto es estar dispuesto a regresar a la escena que los asustó, pero esta vez, invitar a Jesús a estar con ellos en la situación. Cuando Él aparece, el miedo parece disiparse. Les pido que se arrepientan por cerrar la visión espiritual y / o escuchar parte de su vida y pido que le pidan a Jesús que vuelva a abrir su vista u oído.

La última situación que hemos descubierto recientemente es que alguien ha obtenido un título falso, un gravamen, una nota o un contrato de arrendamiento que bloquea la capacidad de la persona para ver en el espíritu o de alguna manera el enemigo ha colocado una lona (velo[34]) sobre ellos para bloquear el ver y el oír.

---

[34] Un manto largo que se utiliza para cubrir o proteger objetos. Normalmente hecho de lona o plástico.

Entramos en la Corte de Títulos y Escrituras y pedimos que se disuelva todo título falso de propiedad o nota falsa sobre nuestra vista u oído espiritual y que la propiedad del Señor Jehová se establezca sobre nuestros ojos y oídos espirituales.

Si se trata de un gravamen contra nuestra capacidad de ver u oír, solicitamos que se marque como satisfecho con la sangre de Jesús. Perdonamos a la persona o personas involucradas en hacer el falso reclamo de propiedad, las bendecimos y las liberamos.

Si se trata de un contrato de arrendamiento, también pedimos que se cancele el contrato de arrendamiento falso y que se establezca una reclamación de propiedad justa entre la persona y Jehová el Señor.

También solicitamos que cualquier velo que cubra sus ojos y vida sea eliminado de inmediato. Hemos visto resultados inmediatos al hacer esto, ya que los ojos y oídos espirituales de las personas se abren repentinamente.[35]

---

[35] De *Cómo proceder en las Cortes del Cielo* por el Dr. Ron M. Horner Copyright © 2018 Todos los derechos reservados.

Aprender a vivir en el espíritu primero

El desafío de cómo nos enseñaron acerca de la vida cristiana es que todo se pospuso para algún momento en el futuro. Luego, leímos las cartas de Pablo y experimentamos una desconexión. Para nosotros, el Cielo era un destino, no un recurso. No sabíamos nada sobre aprender a vivir desde nuestro espíritu. Solo sabíamos lo que habíamos estado haciendo toda nuestra vida, desde que nacimos, y eso es vivir para satisfacer nuestra alma o nuestra carne. Necesitamos urgentemente aprender una forma alternativa de vida.

Intercambiando su forma de vida

Pablo registró estas palabras en su carta a los Romanos:

Porque los que son de la carne piensan en las cosas de la carne; pero los que son del Espíritu, en las cosas del Espíritu. (Romanos 8:5)

¡Tenemos que aprender a vivir en el espíritu primero! Debemos cambiar nuestra forma de vida. Debemos aprender a vivir desde nuestro espíritu. Necesitamos entender la jerarquía dentro de nosotros:

- Somos un espíritu
- Poseemos un alma
- Vivimos en un cuerpo

Cada componente tiene un propósito específico en nuestras vidas. Nuestro espíritu es la interfaz con el reino sobrenatural. Está diseñado para interactuar con el dominio del Cielo y el Reino. Su espíritu ha existido en su cuerpo desde su concepción. STu alma tiene un propósito diferente. Comunica a su intelecto y a su cuerpo físico lo que su espíritu ha obtenido del Cielo. Es la interfaz con su cuerpo. Su cuerpo alberga los dos componentes y seguirá las órdenes del componente que domine.

A la mayoría de nosotros nunca se nos ha enseñado que nuestro espíritu sea el que domine. Más bien, simplemente hemos asumido que nuestra alma siendo el dominante era el modo de operación requerido.

Nuestra alma siempre quiere estar a cargo. Nuestra alma es susceptible a los deseos, las concupiscencias y los comportamientos carnales o mundanos. A veces, se resistirá a nuestro espíritu y a nuestro cuerpo. Debe someterse a su espíritu mediante un acto de su voluntad.

Su voluntad es un medio para instruir a cualquiera de los componentes (espíritu, alma o cuerpo) a qué hacer. Su alma tiene voluntad y también su espíritu. ¡Usted elige quién domina!

Su cuerpo, por otro lado, tiene apetitos que le controlarán en sujeción a su alma. Se convierten en socios en el crimen, ¿recuerda ese segundo trozo de pastel de chocolate que quería? Su cuerpo intentará, junto con su alma, dictar su comportamiento. El probablemente se resistirá al espíritu dominante en su vida. Sin embargo, obedecerá a su espíritu dominante si se le ordena, y su cuerpo puede ayudar a su espíritu si está entrenado para hacerlo.

La expresión típica que opera en la vida de la mayoría de las personas es que su alma está en primer lugar, el cuerpo en segundo lugar y su espíritu está en algún lugar en la distancia en último lugar.

En algunas personas, especialmente aquellas muy conscientes de su condición o apariencia físicas, existe una alineación diferente. Su cuerpo es su prioridad, el alma en segundo lugar, y nuevamente su espíritu es la prioridad más baja.

El deseo del Cielo para nosotros es muy diferente. El Cielo desea que vivamos en el espíritu primero, el alma en segundo lugar y el cuerpo en tercer lugar. Dado que somos seres espirituales, este es el orden óptimo. Para la mayoría de nosotros, nuestro espíritu no se activó en nuestra vida en ninguna medida hasta que nacimos de nuevo.

Si después de nuestra experiencia de salvación, comenzamos a buscar nuestra relación con el Padre, entonces nos volvemos mucho más conscientes de nuestro espíritu y aprendemos a vivir más conscientes del espíritu. El apóstol Pablo escribió en sus diversas epístolas acerca de vivir en el espíritu o caminar en el espíritu. Debido a que somos seres espirituales, nuestro espíritu clama por una relación más profunda con el Padre. Su espíritu lo anhela y tratará de guiarle en esa dirección.

Nuestra alma tiene ciertas características que explican su comportamiento en nuestra vida. Esta es la lista más breve, pero creo que comprenderá la idea. Nuestra alma es egoísta. Quiere lo que quiere cuando quiere. Puede ser muy caprichosa. Puede actuar como un niño pequeño. Es ofensiva y, a menudo, incluso busca oportunidades para ser ofendida. Nuestra alma también es grosera.

Nuestro cuerpo tiene un conjunto diferente de características. Es desconsiderado, exigente, perezoso y egoísta. No quiere levantarse de la cama por la mañana, para muchas personas. En otros, quiere ser alimentado con cosas que no son beneficiosas.

Sin embargo, las características de nuestro espíritu son enormemente diferentes. Si vivimos desde nuestro espíritu, descubriremos que somos amorosos y propensos a ser amables. Deseamos la paz. Somos considerados. Estamos mucho más contentos cuando vivimos desde nuestro espíritu. Además, la alegría a menudo tendrá una gran expresión en nuestras vidas.

A veces hemos experimentado traumas que crean una situación en la que nuestra alma no confía en nuestro espíritu. El alma culpa al espíritu por no protegerlo. La ironía es que, por lo general, nuestra alma nunca cedió su lugar al espíritu para que pudiera protegernos. El alma culpa falsamente al espíritu y debe ser obligada a perdonar al espíritu, y el alma debe ceder el control al espíritu. Una vez que el alma perdona al espíritu, los dos componentes pueden comenzar a trabajar en armonía.

Si mostrara una imagen de unas deliciosas rosquillas recién hechas frente a usted, ¿qué pasaría? Para muchos, su cuerpo anunciaría el deseo de uno. ¿Y si, en cambio, les mostrara una imagen de un plato de brócoli? ¿Cuántas personas se emocionarían con eso? Probablemente no se mostraría tanta emoción por un plato de brócoli. ¿Cuál prefiere su cuerpo? ¿Las rosquillas o el brócoli? Para el alma indómita, es probable que las rosquillas ganen siempre. ¿Qué prefiere la mayoría de los niños?

En cualquier caso, puede entrenarse para optar por la opción más saludable. Un principio sobre esto que escuché hace años se resume así:

Lo que alimente vivirá,
lo que haga morir de hambre morirá.

¿Qué queremos que sea lo dominante? ¿Nuestro espíritu, nuestra alma o nuestro cuerpo? La parte que alimentamos es la parte que dominará.

Para algunos, alimentan su alma y viven según la lógica de su mente. Todo debe ser razonado en su mente antes de que lo acepten. Sin embargo, debido a que nuestra alma obtiene su conocimiento del Árbol del Conocimiento del Bien y del Mal, siempre tendrá un entendimiento defectuoso y limitado.

¿Cómo cambiamos este patrón dominante del alma o del cuerpo dominante? Ordenamos a nuestra alma a retroceder y llamamos a nuestro espíritu a venir adelante. Algunas personas pueden necesitar pararse físicamente y hablarle a su alma y decirle: "Alma, retrocede", y mientras dice esas palabras, dé un paso físico hacia atrás. Luego, hable con su espíritu en voz alta y diga: "Espíritu, ven al frente". Mientras dice esas palabras, dé un paso físico hacia adelante. Este acto profético ayuda a desencadenar un cambio dentro de ellos.

¡Viva en el espíritu primero!

Beneficios de vivir en el espíritu primero

¿Por qué usted querría vivir en el espíritu primero? Permítame presentarle varias razones. Vivir el espíritu primero creará en usted una mayor conciencia del Cielo y de los dominios del Cielo. Creará una comprensión más profunda de la presencia del Espíritu Santo, de los ángeles y de los hombres y mujeres vestidos de lino blanco. Podrá escuchar mejor la voz del Cielo. Experimentará una mayor creatividad, productividad, esperanza y paz. Se volverá más consciente de las necesidades de las personas que puede satisfacer.

Si vive en el espíritu primero, podrá acceder a las riquezas del Cielo para su vida. Como propietario de un negocio, podrá participar más plenamente en el Complejo Empresarial del Cielo y vivirá una vida más plena. Las pequeñas cosas que antes le molestaban se disiparán en importancia o impacto en su vida. Podrá seguir adelante, sin preocuparse por las cosas insignificantes, mundanas o improductivas que han afectado su vida antes que comenzara a vivir en el espíritu primero.

Esta forma de vida es más que un cambio de juego: para el creyente, es la única forma de vivir. Enfrentará desafíos mientras construye su negocio, o su vida desde el Cielo hacia abajo; sin embargo, podrá acceder más fácilmente a las soluciones del Cielo si vive consciente de la riqueza del Cielo y de todo lo que está disponible para usted como hijo o hija del Señor Altísimo. Le animo, no viva dominado por su alma. *¡Viva en el espíritu primero!*

———·———

Cuatro llaves para escuchar la voz de Dios

El Dr. Mark Virkler ha escrito extensamente sobre este tema a lo largo de los años. Es su enseñanza característica, y ha ayudado a miles de creyentes a aprender a escuchar y registrar lo que el Cielo les está diciendo de manera continua. Su sitio web (cwgministries.org) tiene una gran variedad de materiales para ayudarlo a aprender a llevar un diario guiado por el espíritu. Simplemente resumiré su enseñanza aquí porque es una disciplina vital para que usted aprenda a maximizar el Cielo en su vida.

1. **Relájese a usted mismo** – aprenda a relajarse a usted mismo para que pueda sintonizar con el Cielo.

2. **Mire a Jesús** – no buscamos a nadie fuera del Cielo que nos esté hablando, ¡no están invitados a la fiesta!

3. **Sintonice el Fluir del Espíritu en su interior** – el Espíritu Santo fluye a través de nuestro espíritu como un río. Podemos aprender a

sintonizarnos con ese fluir y escuchar lo que dice el Cielo.

4. **¡Escríbalo!** – Comience a registrar lo que está escuchando o percibiendo. USTED puede juzgarlo cuando haya terminado de escuchar al Cielo. No se preocupe por cómo se ve en la página. Sólo regístrelo—ya sea escrito a mano, dibujado o tecleado, ¡haga un registro de ello!

En CourtsNet.com encontrará nuestro curso en video para ayudarle en este proceso.

Apéndice B

Índice de Tipos de Ángeles

Ángeles de emboscada (Emboscadores) .... Capítulo 11

Ángel de la Moneda (Ángel de la Moneda) ... Capítulo 10

Ángeles de la Cosecha .... Capítulo 7

Ángeles Sanadores .... Capítulo 5, 7

Angel of Relationships .... Capítulo 10

Ángeles Guerreros .... Capítulo 2, 7, 10, 11

Ángeles Asignados.. Capítulo 3

Arcángeles .... Capítulo 3

Ángeles del Registro de Bonos .... Capítulo 8, 9, 13

Ángeles Cazarrecompensas .... Capítulo 11

Ángeles Comandantes.............................. Capítulo 4, 10

Ángeles Caídos... Capítulo 2

Creadores de fuego .... Capítulo 11

Ángeles de la Cosecha .... Capítulo 2, 7, 10

Ángeles de la Guarda .... Capítulo 2, 4, 7, 13

Ángeles Mensajeros .... Capítulo 2, 7, 9, 14 19

Ángeles Personales..
........................Prefacio, Capítulo 1, 2, 4, 7, 9, 13, 17, 19

Ángeles Guardianes Rebeldes .... Capítulo 4

Ángeles Escribas... Capítulo 6, 18

Ángeles Enviados .... Capítulo 3

Ángeles Centinelas .... Capítulo 17

Ángeles Francotiradores............................... Capítulo 11

Ángeles Tributarios.. Capítulo 17

Índice de Cortes

Corte de Cuentas (también conocido como Corte de Prueba) .... Capítulo 17

Corte de Cuentas de las Palabras de los Santos .... Capítulo 17

Corte de Cuentas de las Obras de las Tinieblas...... Capítulo 17

Corte de Acusación (Corte del Infierno) .... Capítulo 11

Corte de Ángeles .... Capítulo 1, 7, 11

Corte de Decretos .... Capítulo 11

Corte del Infierno .... Capítulo 11

Corte de Alabanza .... Capítulo 17

Corte de Reclamación .... Capítulo 12, 17

Corte de Registros .... Capítulo 11, 13

Corte de Almacén .... Capítulo 17

Corte de Resta .... Capítulo 17

Corte de Tabulaciones .... Capítulo 17

Corte de Adjudicación de Fuerzas Angelicales .... Capítulo 4, 7

Corte de Títulos y Escrituras .... Capítulo 2, Apéndice A

Corte de Misericordia .... Apéndice A

Descripción

Existe una importante desinformación acerca de los ángeles, no solo en el Cuerpo de Cristo, sino en toda la tierra. Se nos ha enseñado que los ángeles son criaturas frágiles, delicadas, parecidas a Cupido que tienen poco poder y que estamos subordinados a ellos. Ese no es el caso.

Los ángeles que la Biblia demuestra son poderosos y tienen gran fuerza para derrotar a nuestros enemigos. Aparecen a lo largo de las Escrituras para someter a reyes y dominios, traer mensajes de esperanza y salvar vidas. Hebreos se refiere a ellos como ministros de aquellos que son herederos de la salvación.[36] El salmista registró que eran llamas de fuego,[37] apenas una figura parecida a un Cupido.

Este libro le ayudará a aprender a relacionarse con los ángeles, a conocer a su ángel personal, a comprender los dominios, a colocar a su ángel en su lugar para proteger

---

[36] Hebreos 1:14 ¿No son todos espíritus ministradores, enviados para servicio a favor de los que serán herederos de la salvación?
[37] Salmos 104:4 El que hace a los vientos sus mensajeros, Y a las llamas de fuego sus ministros.

sus dominios y mucho más. Querrá la información de este libro. ¡Es un cambio de vida!

———— · ————

Acerca del Autor

El Dr. Ron Horner es un maestro apostólico especializado en las Cortes del Cielo. Ha escrito más de veinte libros sobre las Cortes del Cielo, cómo proceder en el Cielo, el trabajo con los ángeles o cómo vivir desde la revelación.

Actualmente capacita a las personas para que participen en las Cortes del Cielo en una sesión semanal de enseñanza en línea a través de Internet. Usted puede registrarse para participar y descubrir más sobre el paradigma de oración de las Cortes del Cielo a través de sus diversos sitios web, clases, productos y servicios que se encuentran aquí:

www.ronhorner.com

Otros libros escritos por el Dr. Ron M. Horner

EN INGLÉS

Building Your Business from Heaven Down

Building Your Business from Heaven Down 2.0

Building Your Business with the Blueprint of Heaven

Commissioning Angels – Volume 1

Cooperating with The Glory

Courts of Heaven Process Charts

Dealing with Trusts & Consequential Liens from the Courts of Heaven

Engaging Angels in the Realms of Heaven

Engaging Heaven for Revelation – Volume 1

Engaging Heaven for Revelation – Volume 2

Engaging Heaven for Trade

Engaging the Courts for Ownership & Order

Engaging the Courts for Your City (*Paperback, Leader's Guide & Workbook*)

Engaging the Courts of Healing & the Healing Garden

Engaging the Courts of Heaven

Engaging the Help Desk of the Courts of Heaven

Engaging the Mercy Court of Heaven

Four Keys to Dismantling Accusations

Freedom from Mithraism

Kingdom Dynamics – Volume 1

Kingdom Dynamics – Volume 2

Let's Get it Right!

Lingering Human Spirits

Lingering Human Spirits – Volume 2

Living Spirit Forward

Overcoming the False Verdicts of Freemasonry

Overcoming Verdicts from the Courts of Hell

Releasing Bonds from the Courts of Heaven

Unlocking Spiritual Seeing

EN ESPAÑOL

Cómo Anular los Falsos Veredictos de la Masonería

Cómo Proceder en la Corte Celestial de Misericordia

Cómo Proceder en las Cortes para su Ciudad

Cómo Trabajar con Angeles en los Ambitos del Cielo

Cooperando con La Gloria de Dios

Las Cuatro Llaves para Anular las Acusaciones

Liberando Bonos en las Cortes Celestiales

Liberando Su Visión Espiritual

Sea Libre del Mitraísmo

Tablas de Proceso de la Cortes del Cielo

Viviendo desde el Espíritu

———— · ————

www.ingramcontent.com/pod-product-compliance
Lightning Source LLC
Chambersburg PA
CBHW031626160426
43196CB00006B/290